한 권으로 읽는

역학철학사

한 권으로 읽는 역학철학사

초판 1쇄 인쇄 2024년 4월 21일
초판 1쇄 발행 2024년 4월 25일

지은이 / 호사영(胡士穎)
옮긴이 / 이오륜
인　쇄 / 북토리

펴낸곳 / 도서출판 **동과서**
경기 고양시 일산서구 송파로 151번길 24
등록번호 / 제22-405호
D.K.S. Publishing Co.
24, Songpa-ro 151 beon-gil, Ilsanseo-gu,
Goyang-si, Gyeonggi-do, Korea

전화 / (02)333-7533
팩스 / (02)6280-2353

값 15,000원

ISBN 978-89-6525-155-2 (03140)

잘못된 책은 교환해 드립니다.

한 권으로 읽는

역학철학사

호사영(胡士穎) 지음

이오륜 옮김

동과서

일러두기

1. 이 책은 현재 중국사회과학원(中國社會科學院) 철학연구소의 부연구원과 중국사회과학원대학 철학원 부교수 호사영(胡士穎, 1983~)의 『역학간사(易學簡史)』(北京: 生活·讀書·新知三聯書店, 2018)를 번역한 것이다.

2. 신해혁명(1911)을 기준으로 그 이전의 인명과 지명은 한자음으로 적고, 그 이후는 표준중국어 발음으로 기술하는 것이 통상적이지만 이 책에서는 의미 전달의 연속성을 위해 현대의 인명과 지명이라고 할지라도 한자음으로 표기한다.

3. 중국에서 『역학간사』는 7장 3절 "건가시기의 역학"까지만 출간되었다. 7장 4절 "청대 말기 및 중화민국 시기의 역학"에서부터 8장 전체는 원서에서 누락된 내용을 추가한 것이다.

저자 : 호사영(胡士潁, 1983~)

중국 산동대학(山東大學) 철학과와 북경대학(北京大學) 철학과에서 각각 석사학위와 박사학위를 취득하였다. 현재는 중국사회과학원(中國社會科學院) 철학연구소의 부연구원과 중극사회과학원대학 철학원의 부교수로 재직 중이다. 산동대학 역학여중국고대철학연구중심(易學與中國古代哲學研究中心)의 연구원·국제역학연합회(國際易學聯合會)의 부비서장·학술지 『학형(學衡)』의 분책주편(分冊主編) 또한 겸직하고 있다. 주요 연구방향은 역학·유가사상·인도 부파불교·초기 전진교를 비롯한 중국철학과 사상 및 디지털 인문학이며, 중국의 전통문화·중국철학사·중국문헌학·도가철학 등에도 관심을 기울이고 있다.

역자 : 이오륜(李旿倫, 1988~)

영남대학교 철학과를 졸업하고 동대학교 대학원 철학과에서 석사학위를 획득하였다. 이후 중국 북경대학에서 『주역정의(周易正義)』에 대한 연구로 박사학위를 취득하였다. 영남대학교 인문과학연구소 연구원과 성균관대학교 유학동양한국철학과 BK21 교육연구단에서 박사후과정을 거쳤으며, 동 연구단 연구교수로 근무하고 있다. 『주역』을 포함한 동양철학 전반을 이해하는 데에 관심을 두고 있으며, 이와 관련된 연구를 진행하고 있다.

한국어판 서문

『주역』은 신비롭고 신기함이 충만한 서적으로 헤아릴 수 없을 만큼 많은 신화들의 원천이 되었고, 인류 문화사에서 가장 철저하면서도 난해한 해석들을 탄생시켰으며, 세계적인 학문인 역학을 출현시켰다. 옛날 사람들은 자신들의 역사·문화·기술이 이렇게까지 발전할 것이라고 상상하기 어려웠을 것이지만 이 오래된 고전은 언제나 인류와 우주의 핵심적인 원칙을 밝히고 있으며, 무한한 지혜의 빛을 발하고 있다.

중국 송나라의 시인 섭채(葉采)는 「모춘즉사(暮春卽事)」에서 "쌍쌍이 날아다니는 참새는 책상 위로 다니고, 점점 흩날리는 버드나무 꽃은 벼루에 떨어지네. 작은 창가에 한가롭게 앉아서 『주역』을 읽다 보면 봄이 언제 지나갔는지도 모르네."[1]라고 하여 옛날 선비들이 『주역』을 읽는 모습과 심리를 묘사하였는데, 고금을 막론하고 이와 같지 않음이 없었다. 어떠한 문화적 배경을

---

1) 『千家詩』, 「暮春卽事」, "雙雙瓦雀行書案, 點點楊花入硯池. 閒坐小窗讀周易, 不知春去幾多時."

가지고 있는 사람이라 하더라도 『주역』을 읽어본다면 선현(先賢)에 대한 경외와 환희의 감정을 느낄 수 있을 것이다. 마치 조선의 김종직(金宗直)이 "긴요하고 조리 있음이 전현(前賢)들에 따라 미쳐 사리에 적중함이 삼련(參連)을 보는 것 같기에 『주역』 십익에 관한 글 백여 편에 의해서 저절로 폐백(幣帛)이 늘 들어와서 쌓이누나."[2]라고 시를 지은 것과 같다.

그렇지만 『주역』을 공부하는 것은 결코 쉬운 일이 아니고 운용 또한 상당히 어렵다. 『주역』을 공부하기 위해서는 높은 산을 흔들 정도의 용맹함과 쉽사리 포기하지 않는 노력이 필요하다. 옛날 사람들은 『주역』을 공부하는 하나의 방법을 찾아내었는데, 바로 경전(經傳)과 주소(注疏)를 연구하는 것이다. 이러한 공부 방법은 쉽사리 도달할 수 없을 정도의 성실함을 요구한다. 그러나 『역전』이 때와 함께 나아가야 함을 주장하는 것처럼 이러한 공부 방법은 현대 사회와는 더 이상 부합하지 않는다. 오늘날의 공부 방법은 옛날 사람들의 기개를 살리되 다양한 학문을 회통시키고, 지역 · 시간 · 문화의 한계를 뛰어넘어 새롭게 단장하며, 각각의 시대마다 독특한 정신을 우뚝 세우는 것이다.

역학을 연구하기 위해서는 중국에서 『주역』이 발전해온 역사를 조사하지 않을 수 없다. 역학이 동아시아와 동남아시아로 전파된 양상과 백여 년 전부터 서양 문화에 영향을 미친 내용을 확인하는 것 또한 무시할 수 없다. 그 가운데서도 『주역』은 중국과 한반도의 문화 교류라는 측면에서 막대한 역할을 하였는

---

2) 『佔畢齋集』, 「和鄭輔德自英韻代金大司成永濡」, "肯綮盤錯追前賢, 有如破的看參連, 羲經十翼書百篇, 自致束帛來戔戔."

데, 이를 검토하는 것은 중요한 작업이 된다. 시간을 거슬러 올라가 보면 고구려의 소수림왕(小獸林王)이 태학(太學)을 설립하여 『주역』을 가르쳤다는 점과 조선의 역학이 일본의 역학과 문화에 직접적인 영향을 미쳤음을 살펴볼 수 있다. 필자가 알고 있는 바에 따르면 현재 한국에서 통용되는 지폐의 인물들은 모두 한국 『주역』의 역사적 발전과 직접 혹은 간접적으로 연관이 있으며, 한국 사람들은 옛날의 현인들을 추대함으로써 스스로의 역사와 문화를 찬란히 나타내고 있다. 이러한 시각을 더욱 확장한다면 『주역』은 지역과 국가를 초월하여 세계를 뒤덮을 수 있고, 찬란한 인류 문화의 중심이 될 수 있을 것이다.

이 책의 번역과 출판은 한국과 중국 역학의 교류와 연속이라고 말할 수 있다. 이 책은 주역문화강론총서(中國文化講論叢書)로서 『역학간사(易學簡史)』라는 이름으로 중국에서 출판되었다. 주역문화강론총서는 중국국가한어국제추엄령도소조판공실(中國國家漢語國際推廣領導小組辦公室)과 공자학원(孔子學院)이 외국 유학생들을 위해 조직한 사업으로 간결한 언어와 명확한 맥락을 중시한다. 필자는 이 책을 저술하는 과정에서 대가가 아니면 자그마한 책을 만들 수 없다는 것을 깨달았다. 하지만 이왕 붓을 들었기에 고금의 역학 서적을 조사하고, 오랜 시간에 걸쳐 개미와 같이 미력한 힘을 쏟아부었다. 몇 년 전 필자는 이오륜 선생과 북경에서 인연을 맺었고, 다행히도 북경대학 동문이 되었다. 그는 현재 한국의 걸출한 청년 학자이다. 우리는 다시 만난 이후, 그는 필자에게 이 책을 번역하겠다는 뜻을 전했고 필자는 잠시 주저하다가 요청을 수락하였다. 이번 기회에 출판사에 의해 삭제된 부분을 다시 넣어 완벽을 추구함으로써 마음속의 작은 아쉬움도 달래고자 하였다. 필자는 번역과 출판 과정의 어려움을 잘 알고 있지만 이오륜 선생은 이 작업을 매우 신속하게 완료하였다. 그의 정진과 학력에 대해 나는 진심으로 탄복하며, 졸저가 한국에서 출판되는 것에 대해 무한한 영광이라고 생각한다. 한편으로 필자는 이 책에서 한국 역학을 서술하지 못한 점에 대해 부끄러운 심정이 들기도 한다. 대학에서 한국과 일본 역학 강의를 개설한 적도 있지만 스스로의 연구가 깊지 못하다는 점을 충분히 알고 있다. 특히 이 책을 집필할 때에는 한국 독자들을 만날 것이라고 예상하지 못했기 때문에 불안한 심정도 든다. 미리 한국의 독자들에게 양해를 구하며, 이를 기반으로 한국의 학자들과 역학계를 공부하는 계기로 삼고자 한다.

실제로 필자와 중국 학계의 연구자들은 역학의 발전과 역학 연구의 편리함을 도모하기 위해 한국을 포함한 세계의 역학 성과를 수집 · 정리 · 연구할 계획을 세웠으며, 디지털 인문학의 방식으로 세계 역학지식 지도를 구축하는 데에 공을 들이고 있다. 그리고 이 거대한 작업은 한국의 학자들과 역학계의 전폭적인 지원이 동반되어야 한다. 『주역』이라는 공감대를 통해 한국의 친구들과 독자들이 함께 노력하여 인류의 문명을 한층 더 높은 영역으로 개척해 나가기를 진심으로 기대한다. 이 자그마한 책이 한국에서 넓고도 선한 인연을 맺기를 희망하며, 만일 잘못된 부분이 있다면 독자들의 비평과 질정을 간절히 부탁한다.

서론

중국에서 역학 문화는 오랜 역사를 가지고 있다. 고대 전적에 기록된 최초의 역학 서적은 세 종류이다. 즉 『연산』·『귀장』과 『주역』이다. 후대에 전해진 역학 서적 가운데 『주역』은 가장 완전하고 영향력 또한 뚜렷하다. 현대적 의미에서의 『주역』은 『역경』[1]과 『역전』 두 부분으로 구성되어 있다. 예로부터 『역경』은 『역』 혹은 『주역』이라고 일컬었는데, 육십사괘의 괘효 부호 및 괘사·효사로 구성되어 있다. 『역전』은 『역경』을 주석하고 설명한 「단전」(상편, 하편)·「상전」(상편, 하편)·「문언전」·「계사전」(상편, 하편)·「설괘전」·「서괘전」·「잡괘전」 등 열 편을 가리킨다. 그것들은 『역경』의 해석을 돕는 작용을 하기 때문에 옛날 사람들은 "십익(十翼)"이라고 불렀다.

---

1) [역자주] 원서에서는 "『주역』 고경(古經)"이라고 기술되어 있다. 하지만 『주역』 고경은 학계에서 일반적으로 사용하지 않는 표현이다. 저자가 이러한 표현을 사용한 데에는 특수한 목적이 있었던 것으로 보인다. 따라서 이 책에서는 『주역』 고경을 학계에서 일반적으로 사용하는 『역경』으로 표기하고자 한다.

『주역』은 본래 심오한 이치를 품고 있는 서적으로 수천 년 동안의 끊임없는 계승·연구·설명과 응용을 거쳤다. 그리하여 매우 독창적인 경전과 순박하면서도 정교한 학문인 역학이 되었다. 『주역』은 중국 역사의 모든 측면에 영향을 미쳤으며, 포함하지 않는 것이 없는 역학 문화를 연역하여 중화 문화의 원천 가운데 하나로 공인되었다.

협의적인 각도로부터 말하자면 역학은 유가의 경학 가운데 일부분으로 여겨진다. 양한 시기에 『주역』은 『시』·『서』·『예』·『춘추』의 학문과 나란히 놓였으며, 조정(朝廷)에 의해 경학 전적들 가운데 으뜸으로 자리매김되었다. 한나라 이후 유가의 경학 전적은 오경을 바탕으로 점차 확대되었는데, 남송 시기에 이르면 존중을 받는 열세 종류의 경전이 "십삼경(十三經)"으로 편입되게 된다. 즉 『주역』·『상서』·『시경』·『주례』·『의례』·『예기』·『춘추좌씨전』·『춘추공양전』·『춘추곡량전』·『효경』·『논어』·『이아』·『맹자』이다. 『주역』은 유가의 경학 전적 가운데서 오랫동안 핵심에 자리하였으며 중요한 지위를 차지하였다. 역학의 주요 형태는 두 가지가 있다. 하나는 『주역』의 본문에 대한 주석이고, 다른 하나는 역학적 이치와 역학사에 대한 설명과 응용이다. 이외에도 중국의 고전 학술 전통으로부터 말하자면 도가·도교·불교 등과 같은 유가 이외의 학파 또한 역학을 상당히 중시하였는데, 저술의 숫자·가치와 영향력 모두 무시할 수 없다. 이러한 연구들은 『사고전서』로 대표되는 청나라 조정에 의해 경학(經學)·자학(子學)·방기(方技)·술수(術數) 등의 부문으로 구분되었다.

광의적으로 말하자면 역학은 『주역』의 형성 과정·본문의 변천 · 역사적 변화 · 현실적 응용 등의 내용에 대한 전면적이고 전체적인 연구를 포함한다. 이것은 역사적인 범위가 크고, 포함하는 내용이 넓으며, 영향력이 매우 깊기에 언어로 정확하게 한정하고 정의하기가 매우 어렵다. 현대 역학의 연구 정황을 살펴보면 현재의 역학은 철학 · 종교 · 역사 · 문학 · 미학 · 예술 등과 같은 인문학, 정치 · 경제 · 군사 · 사회학 · 인류학 등과 같은 사회과학, 수학 · 물리학 · 화학 · 천문학 · 생물학 · 의학 · 건축학 등과 같은 자연과학 및 기술공학, 예측학 · 미래학과 같은 기타 학문 등등의 여러 학과들과 밀접한 관계를 맺고 있다는 점을 알 수 있다. 역학은 마치 학술 만화경(萬華鏡)처럼 여러 학과의 연구에서 언급된다. 시공간의 전파라는 각도로부터 말하자면 역학은 역사적으로 고대 전설 시기에서부터 현재로 이어지고 있으며, 중화 문화의 핵심 지역에서부터 세계의 각 지역으로 전파되어 매우 강렬한 문화와 사상적 활력을 드러내고 있다. 따라서 중국 고전 학술의 역학 연구 이외에도 역학은 현대에서 새롭고도 많은 학술적 자원 · 이해와 심도 있는 연구를 얻는 동시에 스스로의 내용을 더욱 풍부하게 만들고 있다.

이 책은 중국 고대 역학의 발전 역사를 주된 줄거리로 하여 주요 인물 · 학설 및 전승 관계에 대해 집중적으로 소개한다. 동시에 관련된 역사적 배경 · 연구의 정황 · 학술의 형태 등을 고려하여 고찰하되 내용에 집중하고, 주제를 부각하며, 줄거리를 분명히 하여 독자들에게 역학 발전의 역사적 윤곽을 묘사하도록 노력할 것이다.

목차

제 1 장

선진의 역학

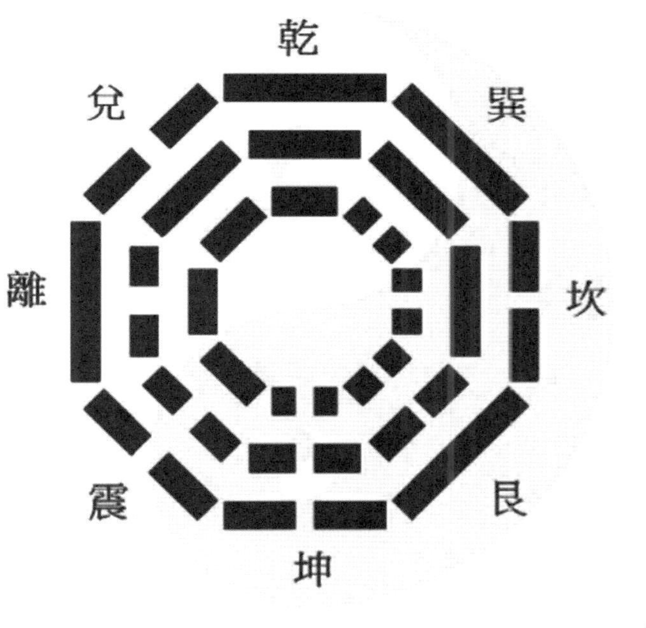

1. 『연산』과 『귀장』

역학의 기원은 매우 오래되었다. 현존하는 역사적 자료를 통해 보면 중국의 고대 시기로 거슬러 올라갈 수 있지만 구체적인 시간은 단정하기 어렵다. 중국 고대의 전설에 따르면 복희(伏羲)가 천문 · 지리 · 사람 · 물건에 대한 관찰과 깨달음을 통해 만물의 모양과 우주의 법칙을 관통하는 팔괘, 즉 건(乾) · 곤(坤) · 진(震) · 손(巽) · 감(坎) · 리(離) · 간(艮) · 태(兌)를 발명했다고 한다. 그 뒤에 신농(神農) · 황제(黃帝) · 요(堯) · 순(舜) 등이 삼획의 팔괘를 바탕으로 육십사괘의 육획괘로 발전시켰고, 그것들을 정치 · 군사 및 생산 · 생활 속에서 운용함으로써 천하의 안정이라는 성취를 이루었다.

순의 뒤를 이은 것은 대우(大禹)로 대우의 아들 계(啓)는 중국의 역사 가운데 하나라를 건립하였다. 역사적인 기록에 따르면 하나라가 사용한 것은 초기 세 종류의 역학 서적 가운데 『연산(連山)』이다. 하지만 이 서적의 구체적인 내용과 형성 과정은 고찰하기 어렵다. 한나라의 환담(桓譚) · 정현(鄭玄) 등의 사람들이 드러낸 약간의 정보들로부터 이 서적에는 팔경괘(八經卦)와 육십사괘가 있고, 점치는 용도로 사용했다는 점을 알 수 있다. 이 서적은 서한의 국가 장서처(藏書處)에 보관되었지만 오래된 역사로 인하여 일찍이 실전되었다. 따라서 후대 사람들은 『연산』의 실존

여부 · 내용 · 형식 · 점서 등에 대해 의문과 논쟁을 벌였으며, 끝내는 학술사에서 해결을 필요로 하는 커다란 안건이 되었다.

탕(湯)을 지도자로 떠받드는 은상(殷商)은 하나라를 물리치고, 역사적으로 유구하면서도 문화적으로 찬란한 상나라를 건립하였다. 역사적 기록에 따르면 『귀장(歸藏)』은 상나라가 사용했던 점치는 서적이다. 『귀장』에 대한 역사 문헌의 기록은 『연산』에 비해 약간 더 많으며, 수당 시기에 어떤 사람들은 이 서적에 대해 주석하기도 하였다. 최근 출토된 호북성(湖北省) 강릉현(江陵縣) 왕가대(王家台) 진간(秦簡)의 내용 또한 전해 내려오는 『귀장』의 진실성과 역사적 기록의 신뢰성을 부분적으로 확인하였다. 전해 내려오는 문헌과 출토 자료에 따르면 『귀장』은 대략 4,300글자이고, 팔경괘 · 육십사괘 등의 명칭이 있다고 한다. 『연산』과 비교하면 『귀장』에는 괘사의 체계가 존재한다는 점을 확실히 알 수 있으며, 목천자(穆天子)가 출병 전에 점을 친 이야기 · 하나라의 계(啓)가 꿈꾼 내용을 점친 이야기 · 상아(嫦娥)가 불사약을 먹고 달로 날아간 이야기 등을 기록하고 있다. 『귀장』의 존재는 『주역』에 비해 시대적으로 더욱 이르면서도 점치는 것과 관련된 서적이 확실히 존재하며, 그 내용과 구조는 후에 주나라에서 나타난 『주역』과 여러 측면에서 관련이 있다는 점을 말한다. 『귀장』은 까마득한 고대 시기의 사회 · 역사 · 신화 및 신앙 등을 다루고 있지만 구체적인 점법은 『주역』과 상당히 다르다. 오랜 시간이 지났고 문헌의 전파 또한 복잡하여 명확하지 않기 때문에 상나라 『귀장』의 원래 모습은 파악하기 어렵다.

점치는 것에 대한 주나라의 체계는 전문적인 관리가 "삼역(三

易)", 다시 말해 『연산』·『귀장』·『주역』을 담당하였다 이것은 세 종류의 서적이 내용·형식 및 구조적으로 깊은 관련이 있으며, 성격적으로도 일치하는 점이 있기에 함께 사용할 수 있을 뿐만 아니라 서로를 보완해주는 효과가 있음을 의미한다.

2. 『역경』의 기원

고고학적 발견 가운데서 역학의 점술과 관련 있는 그림·문자 자료를 둘러싸고 학자들은 "숫자괘" 개념을 사용하여 역학 서적의 초기 형태와 형성 과정을 설명한다. 하지만 이러한 관점은 여전히 고증하고 검증할 필요가 있다.

보편적으로 역사서는 『주역』이 등장하게 된 공로가 주나라의 창시자인 주문왕(周文王)에게 있다고 기술한다. 주문왕의 성은 희(姬)이고 이름은 창(昌)으로 상나라 주왕(紂王)의 시기에 서백후(西伯侯)로 봉해졌으며, 기산(岐山)에 나라를 세웠다. 문왕이 집권했던 시기에는 선한 덕을 쌓고, 노인과 어린아이를 잘 보살폈으며, 어진 사람을 예의와 겸손으로 대하여 백성들의 사랑과 주변 제후국들의 옹호를 받았다. 후에 주(周) 민족의 번창은 상나라의 중앙 정부에 위협이 되었고, 그리하여 상나라의 주왕은 문왕을 유리(羑里)에 감금하였다. 구금되었던 시기에 문왕은 팔괘·육십사괘·괘사 등의 많은 내용들을 계승·정리 및 추론하였으며, 당시의 역학 이론을 한층 더 연구하고 끌어올렸다. 이것을 역사에서는 문왕의 "연역(演易)"이라고 일컫는다. 문왕이 지은 문장은 그의 아들 주공(周公)에게서 조금 더 보충되고 정리되어 『역경』이 되었다.[1]

초기의 역사적 자료를 통해 고고학적 문헌을 고증해보면, 『주

1) 당시에는 『주역』 혹은 『역』이라고 불렀다.

역』의 기원·형성은 사람들의 점술·종교·정치·생산 및 생활 등 여러 활동들과 광범위하면서도 밀접하게 관계가 있다는 점을 알 수 있다. 옛날 사람들이 오랜 역사를 거치면서 반복적으로 실천하고 누적하며 선별한 지식을 내포하고 있다는 것이다. 『주역』에는 생활 세계와 오묘한 우주에 대한 그들의 관찰·이해와 생각이 녹아들어 있다. 이것을 제련한다면 『주역』은 무궁한 함의를 가지게 되고, 필연적으로 세상에 보기 드문 하나의 경전이 될 수 있다.

지금까지 전해 내려온 『역경』을 보면 그 내용은 육십사괘로 구성되며, 괘명과 괘획은 아래의 표와 같이 구분할 수 있다.

건(乾) ䷀	곤(坤) ䷁	둔(屯) ䷂	몽(蒙) ䷃	수(需) ䷄	송(訟) ䷅	사(師) ䷆	비(比) ䷇
소축(小畜) ䷈	이(履) ䷉	태(泰) ䷊	비(否) ䷋	동인(同人) ䷌	대유(大有) ䷍	겸(謙) ䷎	예(豫) ䷏
수(隨) ䷐	고(蠱) ䷑	임(臨) ䷒	관(觀) ䷓	서합(噬嗑) ䷔	비(賁) ䷕	박(剝) ䷖	복(復) ䷗
무망(无妄) ䷘	대축(大畜) ䷙	이(頤) ䷚	대과(大過) ䷛	감(坎) ䷜	이(離) ䷝	함(咸) ䷞	항(恒) ䷟
둔(遯) ䷠	대장(大壯) ䷡	진(晉) ䷢	명이(明夷) ䷣	가인(家人) ䷤	규(睽) ䷥	건(蹇) ䷦	해(解) ䷧
손(損) ䷨	익(益) ䷩	쾌(夬) ䷪	구(姤) ䷫	췌(萃) ䷬	승(升) ䷭	곤(困) ䷮	정(井) ䷯
혁(革) ䷰	정(鼎) ䷱	진(震) ䷲	간(艮) ䷳	점(漸) ䷴	귀매(歸妹) ䷵	풍(豐) ䷶	여(旅) ䷷
손(巽) ䷸	태(兌) ䷹	환(渙) ䷺	절(節) ䷻	중부(中孚) ䷼	소과(小過) ䷽	기제(旣濟) ䷾	미제(未濟) ䷿

일반적으로 말하자면 괘명의 뒤에는 문장, 즉 괘사가 나열된다. 이를테면 "건(乾)은 원·형·이·정이다."[2]와 같다. 모든 괘는 여섯 개의 효로 구성되어 있기 때문에 육십사괘는 삼백팔십사효이다. 여섯 효는 아래에서부터 위로 초(初)·이(二)·삼(三)·사(四)·오(五)·상(上)으로 부르며, 양효와 음효는 각각 "구(九)"와 "육(六)"이라고 부른다. 예를 들자면 겸괘(謙卦)는 아래에서부터 위에 이르기까지 초육·육이·구삼·육사·육오·상육이 된다. 효 뒤에도 문장, 즉 효사가 뒤따른다. 예컨대 건괘의 초구는 "물속에 잠겨 있는 용(龍)이니 아직 쓰려고 하지 말아야 한다."[3]이고, 겸괘의 육이는 "겸손함이 밖으로 표현되어 울리니 바르고 길하리라."[4]인 것과 같다.

"삼역"의 하나로서 『주역』은 주나라 시기에 만들어지고 사용되었기에 『주역』이라는 이름을 가진다. "주(周)"라는 글자는 갖추지 않음이 없음·만 가지 상을 망라하고 있음을 나타내며, 육십사괘가 계속해서 순환하는 것을 상징한다. 『주역』 속에는 "길(吉)"·"흉(凶)"·"회(悔)"·"린(吝)"·"무구(无咎)"·"리(利)"·"불리(不利)" 등의 문장이 곳곳에 분포되어 있는데, 점치는 서적으로서 『주역』이 가지는 가치는 당연히 사용하는 사람의 미래를 예측하거나 길흉을 판단하는 데에 도움을 주는 것이다. 하지만 육십사괘의 창조와 체계적인 형성은 생존하는 세계에 대한 옛날 사람들의 생각과 지혜를 드러내지 않는 곳이 없고, 인간의 정(情)·만물의 이치

---

2) 『周易』, 乾卦, 卦辭, "乾, 元, 亨, 利, 貞."
3) 『周易』, 乾卦, 初九爻辭, "潛龍勿用."
4) 『周易』, 謙卦, 六二爻辭, "鳴謙, 貞吉."

를 통찰했던 슬기로움을 드러낸다. 『주역』은 고대 무속 문화가 점서 문화로 전환되었음을 반영하는데, 이것은 사유·인식능력이 진보되었음을 나타낸다. 그리하여 인간의 화와 복·국가의 존망과 치란·우주의 교체는 『주역』의 중요한 주제를 구성하게 되며, 동시에 더욱 많은 사람이 이러한 문제에 대해 생각하도록 유도하고 격려한다. 이후에 『주역』의 가치는 "시대의 변화에 따라서 가장 적합한 내용을 제공한다."고 평가받으며, 각각의 시대마다 사람들로부터 최고의 존경을 받게 되었다. 이를테면 한나라에서 『주역』이 오경(五經)의 으뜸으로 받들어진 것은 정치와 문화적인 수요였을 뿐만 아니라 『주역』의 가치가 인정을 받으면서 점차 경전으로 격상된 필연적 결과이다.

3. 『역전』의 기원

주나라는 서주(B.C.1046~B.C.771)와 동주(B.C.770~B.C.256) 두 단계로 구분되며, 동주의 시작(B.C.770)에서부터 진시황이 진나라(B.C.221)를 건립하기까지는 춘추와 전국 두 시기로 나누어진다. 일반적으로 말하자면 춘추와 전국 시기는 사회와 정치가 상당히 혼란한 시대였으며, 특히 전쟁이 빈번하였다. 하지만 이 시기에 획득한 문화적 성취는 유일무이한 것으로 중국 역사에서 가장 많은 사상가 · 학파의 지도자 · 경전들이 출현하였다. 춘추전국 시기의 역학은 매우 폭넓게 전파되어 많은 사상가들이 『주역』과 깊은 연관을 맺었으며, 역학 또한 그들에 의해 발전되고 창조되어 민중들 속으로 전파되었다. 만일 『역경』이 서주 시기 역학의 가장 높은 성취라고 말한다면 춘추전국 시기 역학의 가장 높은 성취는 공자가 저술한 『역전』만한 것이 없을 것이다.

(1) 『좌전』과 『국어』의 역학 이론

서주 초기에 주공(周公)을 대표로 하는 통치 계층은 일련의 정치적 대책과 사상적 혁명을 시행하였다. 특히 덕(德)의 정치를 존중하고 예의 제도를 보완하며 문화 교육을 추진하는 정책의 영향 속에서 인문적 이성은 나날이 두드러졌다. 역사적 자료 속의 점친 기록들을 통해서도 역학 서적의 사용과 해석이 정치적 결정 · 사회적 사건 · 개인적 의식 등 여러 측면에서 새로운 발전 추세를 나타내고 있다는 점을 발견할 수 있다. 이 시기의 역학 이론은 주로 『좌전』 · 『국어』 · 단편적인 역사적 자료들 속에 보존되어 있다.

『좌전(左傳)』의 본래 명칭은 『춘추좌씨전』으로 후대 사람들은 『춘추좌전』, 간략하게 『좌전』이라고 지칭하는데, 춘추 시기의 사회와 역사를 기록한 주요 서적이다. 기록된 사건은 노은공(魯隱公) 원년(B.C.772)에서 시작하여 노애공(魯哀公) 27년(B.C.468)에서 끝이 난다. 그 내용은 외교적 방문 · 회맹 · 정벌 · 혼례와 상례 · 반란 등을 포함하며, 예의 규범 · 법령과 제도 · 사회 풍속 · 도덕 관념 · 천문과 지리 · 역법과 계절 · 고대 문헌 · 신화와 전설 등에 대해 언급한다. 저자의 평론 또한 일부 기록되어 있는데, 이는 당시의 사회 사상 · 가치 관념 등 다양한 내용을 반영한 것이다. 『좌전』에 기록된 점친 사례는 50여 건이며, 정벌 · 관리의 임명 · 세자의 책봉 · 건축 · 출산 · 질병 · 혼인 · 제사 · 기우제 · 해몽 등 정치와 사회생활의 수많은 영역을 다룬다. 이것은 당시에 점치는 활동이 상당히 유행했으며, 사회적으로 중요한 기능을 담당했음을 말한다. 그 가운데서 『주역』과 직접적으로 관련이 있는 기록은 모두 20여 건인데, 6곳은 『주역』의 문장을 그대로 인용하였고 괘효사는 다양한 곳에서 언급된다.

『국어(國語)』는 중국 최초의 국가별 역사서이다. 기록된 사건은 주목왕(周穆王) 20년(B.C.990) 서쪽으로 견융(犬戎)을 정벌하는 데에서 시작하여 진나라의 지백(智伯)이 멸망하는 데에서 끝이 나며, 주왕실과 노나라 · 제나라 · 진나라 · 정나라 · 초나라 · 오나라 · 월나라 등 여러 제후국의 역사를 기록하고 있다. 그 내용은 여러 국가와 귀족 사이의 외교적 방문 · 연회 · 충고 · 변론 등의 활동 및 역사적 사건과 전설을 부분적으로 언급한다. 『국어』에서 기록된 점친 사례는 매우 희소하며, 역학 서적과 관련 있는 것은 단 2건뿐이다.

수량은 많지 않지만 귀중한 역사적 기록을 통해 보면 춘추 시기 『주역』의 응용 · 변천 및 영향력 등에 대한 다양한 정보들을 수집할 수 있다.

첫째, 『좌전』은 "시초점은 효험이 적고 거북점은 효험이 많으니 효험이 뛰어난 것을 따름만 못하다."[5]라고 말하는데, 이것은 당시에 거북점의 사용이 시초점에 비해 더욱 광범위했다는 점을 어느 정도 보여준다. 『좌전』에 기록된 거북점과 시초점의 운용 또한 전자가 비교적 더욱 많다. 그 원인은 거북점의 기원이 시초점보다 이를 뿐만 아니라 조작하는 절차와 해석 방법이 고정적이고 통일되어 있기 때문으로 보인다. 『상서』와 『주례』는 거북점과 시초점을 함께 사용하면서도 거북점의 절차는 거북의 선택 · 보존 · 천착 · 가열 및 조상(兆象)의 분석 방법에 대해 엄격한 요구 사항이 있다고 기록한다. 거북점은 매우 체계적이고 완전한 조작 과정을 거치며, 전문적인 관리가 이러한 활동을 책임진다는 것이다. 비교하여 말하자면 시초점은 "삼역(三易)"과 "구서(九筮)"라는 표현이 있지만 시초점의 구체적 방법은 명확하지 않다. 이것은 당시에 시초점에 대한 통일된 절차 혹은 고정된 조작 형식이 없었음을 드러내는 것으로 보이는데, 『좌전』에 기

5) 『左傳』, 「僖公四年」, "筮短龜長, 不如從長."

록된 시초점의 불일치는 명확한 증거가 된다.

둘째, 『좌전』과 『국어』의 기록으로부터 보면 점을 친 결과는 기본적으로 "관(觀)을 만나서 비(否)로 나아간다."[6] 혹은 "고(蠱)를 만나다."[7]처럼 "무엇을 만나다.", "무엇을 만나서 무엇으로 나아간다."는 형식이다. 역학 서적을 사용하여 점친 결과에 대한 사람들의 기술은 일치하는데, 이것은 점치는 방법이 이미 하나로 수렴되었음을 나타내지만 이러한 괘를 얻는 방법에 대해서는 기록하지 않는다. 역학 서적을 사용하여 점친 내용에 대한 여러 나라의 해석들이 『역전』에 등장하는 "대연서법(大衍筮法)"을 운용한 결과라고 단정지을 수도 없다. 예를 들자면 『좌전』, 「양공9년」에 한 차례 점을 쳐 얻은 결과는 "간(艮)을 만나서 팔(八)로 나아간다."[8]로 두예(杜預)의 주장에 따르면 이것은 『연산』 혹은 『귀장』의 내용을 운용한 것이다.

셋째, 역학 서적을 사용하여 점을 친 뒤에 얻은 괘를 해석할 때에 『좌전』과 『국어』의 해석 방식은 다양한데, 괘사 · 효사 · 괘상 · 효상 · 인사 · 덕의 등을 주로 사용한다. 이것은 크게 괘효사 · 괘효상 · 인사라는 세 가지 해석 방법으로 요약할 수 있다. 그 가운데서도 괘효상을 사용하여 괘를 해석하는 것이 가장 많은데, 취하는 상 또한 상당히 번잡하기에 명확하면서도 통일된 표준은 존재하지 않는다. 주의할 만한 점은 괘를 해석하는 대다수의 경우, 두 가지 혹은 두 가지 이상의 방법을 선택한다는 것으

6) 『左傳』, 「莊公二十二年」, "遇觀之否."

7) 『左傳』, 「僖公十五年」, "遇蠱."

8) 『左傳』, 「襄公九年」, "遇艮之八."

로 어떤 기록은 점친 결과와 구체적인 인물이 덕의(德義)를 갖추었는가의 여부를 고의적으로 관련시킴으로써 길흉화복을 판단하고 행동 방향을 결정하는 근거로 삼는다는 것이다. 이와 같이 괘를 해석하는 특징은 세계에 대한 사람들의 인식 수준이 점차 상승한다는 점을 드러내며, 이성적 태도와 빛나는 지혜를 나타내고 있다.

『좌전』과 『국어』 속에 등장하는 점친 기록은 역학 이론과 관련된 것이 많은데, 이는 역학을 사용하여 점치는 경우가 증가했음을 나타낸다. 괘와 효를 기본 바탕으로 사용하는 것은 사람들이 원시적 감성 사유에서부터 점차 유형화·형식화·추상화된 사유로 건너간다는 점을 의미한다. 덕의에 대한 중시는 당시의 사람들이 귀신에 대한 믿음과 의존으로부터 점차 스스로의 덕행에 대한 관심으로 전향했다는 점을 말한다. 이것은 고대에 덕을 숭상하는 문화 전통이 확대된 것일 뿐만 아니라 천명과 귀신 관념이 희미해지고, 천도와 성명 이론이 왕성해졌음을 나타낸다. 『좌전』과 『국어』의 역학 사상은 공자를 대표로 하는 선진유가에 의해 전면적으로 계승된다.

(2) 공자와 『역전』

중국 역사 속에서 공자는 유가 학파의 창시자로서 중국의 사상 문화와 민족 정신 등 여러 측면에서 전면적이고 깊은 영향을 미쳤으며, 후대 사람들은 그를 "지성(至聖)"이라고 추앙하였다.

공자는 춘추 시기 노나라에서 생활하면서 "인(仁)"이라는 관념을 밝히고, 주나라의 예를 받들며, 덕의 정치를 주장하였다. 그는 역학의 측면에서도 커다란 기여를 하였는데, "나에게 몇 년의 시간이 더 주어져 오십에 『주역』을 배운다면 큰 허물은 없을 것이다."[9]에서 볼 수 있듯이 『논어』에서는 공자가 『주역』을 공부했던 것과 관련된 기록이 등장한다. 한나라의 사마천은 『사기』에서 "공자는 늙어서 『주역』을 좋아했다."[10]라고 하였고, 출토된 마왕퇴 백서 「요」에서도 공자가 늙어서 『주역』을 매우 좋아했으며, 모든 행동을 『주역』과 함께하고 깊이 연구했다고 묘사하고 있다. 그의 역학 사상은 호남성(湖南省) 마왕퇴(馬王堆)에서 출토된 백서(帛書) 「이삼자문(二三子問)」·「계사(繫辭)」·「역지의(易之義)」·「요(要)」·「목화(繆和)」·「소력(昭力)」 등의 편 속에 기초적으로 드러나 있는데, 이 여섯 편을 백서 『역전』이라고 부른다. 백서 『역전』과 비교하자면 통행본 『역전』은 상당히 신뢰할 수 있는 역학 문헌이다. 이외에도 역학류 출토 문헌은 상해박물관장초죽서(上海博物館藏戰國楚竹書) 『주역』·부양(阜陽) 한간(漢簡) 『주역』 등등이 있다. 역학류 출토 문헌의 연구는 현대 역학 연구의 주요 영역이 되었으며, 학자들의 논문과 저서 또한 상당히 축적되어 있다. 이러한 성과들은 『주역』을 체계적이고 깊이 연구하는 데에 풍부하고도 중요한 해석을 제공한다.

공자의 역학 사상은 인을 중시하고 덕을 숭상하며 예를 따르는 기본 사상과 서로 일치한다. 그는 『주역』이 고대로부터 전해 내려오던 비교적 완전한 문장이며, 고대의 덕행 사상과 위배되

9) 『論語』, 「述而」, "加我數年, 五十以學易, 可以無大過矣."

10) 『史記』, 「孔子世家」, "孔子晩而喜易."

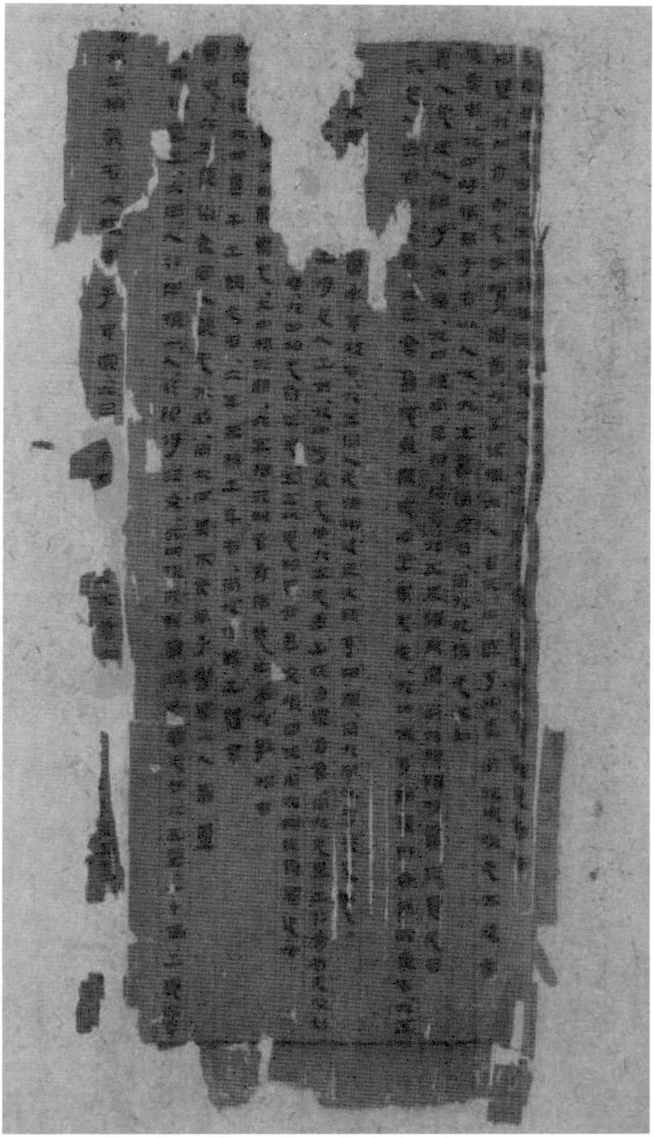

마왕퇴 백서 『주역』 정리본 국부

지 않을 뿐만 아니라 문왕 등의 성인이 말하는 인덕(仁德) 관념을 그려낸다고 여겼다. 따라서 공자는 "나는 그 덕의(德義)를 볼 뿐이다."[11], "나는 그 덕을 구할 뿐이다."[12]라고 말한 것이다. 이러한 점은 통행본 『역전』에서도 분명히 드러나고 있다. 공자가 『주역』 속에서 가장 먼저 관심을 기울인 부분은 점치는 기능이 아니라 『주역』의 문장을 깊이 연구하고 음미하여 덕의 정신을 파악하는 것이었다. 따라서 공자는 "덕이 없는 사람은 『주역』을 알 수 없다."[13]처럼 덕의의 이치를 밝히고, 덕이 있는 인재가 『주역』을 이해할 수 있음을 강조한다. 이곳에서의 "덕의"는 『주역』 속에 함축된 이치와 행동 지침을 파악하는 것일 뿐만 아니라 『주역』의 문장으로부터 천지 변화의 규율 및 인류의 윤리·덕성의 근본 준칙과 개선 방안을 탐구하는 것을 가리킨다.

"덕의"를 중시하는 것 외에도 백서 『역전』 속에는 손익(損益)과 성패(成敗)·강유(剛柔)와 시변(時變)·길흉의 이치 및 삼재의 도 등의 문제를 토론한다. 이러한 것들은 공자로 대표되는 전형적인 유가의 역학적 관점이다. 백서 『주역』 가운데서는 당시 『주역』의 문장에 대한 해석 방법으로 괘변(卦變)·괘체(卦體)·괘기(卦氣) 등이 있었다는 점 또한 발견할 수 있다. 이러한 내용들은 모두 후대 역학자들에 의해 널리 이용되고 발전되었다.

나아가 백서 『역전』은 공자가 늙어서 『주역』을 공부하는 쪽으로 마음을 기울인 동시에 문하의 제자들에게 영향을 미쳤다고

---

11) 帛書 『易傳』, 「要」, "我觀其德義耳."
12) 帛書 『易傳』, 「要」, "吾求其德而已."
13) 帛書 『易傳』, 「要」, "無德則不能知易."

설명한다. 심지어 『사기』는 공자·상구(商瞿)·간비(馯臂)·교자(矯子)·주수(周竪)·광우(光羽)·전하(田何)의 순서로 『주역』을 전수했다는 역사적 진실성을 증명하기도 한다. 이것은 역학이 시작된 이후로 가장 체계적이고 구체적인 전승 계보이다.

전국 시기의 순자·한비자 및 음양가·황로학파는 모두 역학 이론들을 가지고 있었으며, 서로 다른 역학 관념을 드러내었다. 그 가운데서도 통행본 『역전』을 대표로 하는 유가 역학의 성취가 가장 뚜렷하였다.

옛날 사람들은 조건이 한정되었기에 서적을 저술하는 것이 쉽지 않았다. 백서 『주역』과 통행본 『주역』 또한 많은 사람들과 비교적 긴 시간을 거쳐 전승되고 정리되어 완성되었다. 따라서 백서 『주역』과 통행본 『주역』은 매우 밀접한 관련을 가지고 있다. 비록 백서 『역경』과 『역전』이 비교적 원시적인 자료들을 제공하지만 통행본 『역경』과 『역전』의 내용·사상·언어 등의 측면이 백서 『역경』과 『역전』 보다 한층 더 성숙하다. 통행본 『역경』과 『역전』이 정리되어 서적으로 이루어진 시기는 대체로 공자 이전에서부터 전국 시기 중기에까지 이른다. 통행본 『역전』은 『역경』을 해석하는 다양한 시각을 전면적으로 드러내었으며, 점치는 방법과 원리를 완전히 논술하였고, 『역경』에 들어있는 깊은 사상을 정리해냈으며, 매우 높은 이론적 사유 능력과 언어 수준을 드러내었다. 따라서 통행본 『역전』은 당시 역학의 발전을 종합적으로 요약한 것일 뿐만 아니라 하나의 위대한 창조로서 중국 고대의 철학·정치·경제·문화 등의 측면에 막대한 영향력을 미쳤다.

통행본 『역전』은 『역경』을 해석한 문장을 종합한 것으로 「단전(상편, 하편)」·「상전(상편, 하편)」·「문언전」·「계사전(상편, 하편)」·「설괘전」·「서괘전」·「잡괘전」을 포함하며, 모두 일곱 종류의 열 편이고 "십익(十翼)"이라 부른다. 어떤 연구들은 공자가 『역전』을 저술했다고 기록하지만 실제로 완성된 것은 이것보다 약간 늦어야 한다고 논술하기도 한다. 정확히 말하자면 『역전』은 공자 등의 유가 사상을 드러낸 역학 저작이라는 것이다. 「단전」은 육십사괘 각각의 괘사·괘의에 대한 해석을 위주로 한다. 「상전」은 괘상과 효상에 근거하여 괘사와 효사에 대해 해설하는데, 그 가운데서 육십사괘의 괘명·괘상과 괘의에 대한 해석을 「대상전」이라고 부르고, 효사 부분에 대한 해설을 「소상전」이라고 한다. 「문언전」은 건괘와 곤괘 두 괘의 괘사·효사와 괘의를 밝힌 것으로 「건문언」과 「곤문언」으로 나눌 수 있다. 「계사전」은 『주역』의 기원·성질·취지를 전면적으로 소개하며, 매우 풍부한 사상과 지극히 높은 사유를 갖춘 철학 저작이다. 「설괘전」은 『역경』의 원리·팔괘의 성질 및 여러 가지의 상징이 가지는 의미와 기능을 논술한다. 「서괘전」은 통행본 『역경』 육십사괘의 배열 순서와 배열 근거를 순서대로 밝히고 있다. 「잡괘전」은 「서괘전」과는 다른 육십사괘의 순서를 가지고 육십사괘의 특징·성질 및 관계를 해석하는데, 매우 독특한 성격을 지닌다.

『역전』은 괘상의 성질과 효위가 가지는 중위(中位)·당위(當位)·응위(應位)·순승(順乘) 등의 관계 및 괘의(卦義)의 철학적 함의 등 세 가지 측면으로부터 『역경』의 형성 과정·성질·구조·사상과 점치는 원리·과정·기능 등 여러 측면들을 심도 있게 논술한다.

『역경』이 서적으로 이루어진 것을 둘러싸고 『역전』은 고대의 성왕인 복희가 하늘과 땅 및 모든 인간과 동물을 관찰하여 표현한 것이라고 생각한다. 그 가운데서도 하늘·땅·우레·바람·물·불·산·못이라는 여덟 가지의 다른 물상을 얻거나 귀납하고, 이와 상응하는 건(乾, ☰)·곤(坤, ☷)·진(震, ☳)·손(巽, ☴)·감(坎, ☵)·리(離, ☲)·간(艮, ☶)·태(兌, ☱)라는 팔괘의 형식을 통해 천지 만물의 상황을 집중적으로 드러내며 신명(神明)의 덕성을 명시한다는 것이다. 그 뒤의 신농씨·요·순·우 등 고대 성왕들 또한 역학의 이치 및 그 기능을 운용하여 천하가 잘 다스려지도록 만들었다고 서술한다. 『역전』은 역학이 다시 한번 번창하게 된 시기는 은나라 말기와 주나라 초기로 파악하며, 인륜과 세상을 완성하기 위해 문왕(文王)이 괘효사의 내용을 풍부하게 만들었고, 『역경』의 기본적인 모습이 마련되었다고 생각한다.

『역경』은 본래 점서의 서적이었기에 그 성질은 『역전』 속에도 반영되어 있다. "대연지수(大衍之數)"는 점치는 방법과 절차를 직접적으로 소개하며, 『역경』이 점치는 서적으로서의 기능을 담당한다고 설명한다. 그러나 『역경』의 문장은 간단명료하고, 거대한 해석 공간을 가지고 있기에 길흉을 확정하는 근거로만 여기는 것은 후대 학자들의 호기심을 만족시킬 수 없었다. 여기에서부터 역학 서적을 사용하여 점친 내용과 『역경』의 문장에 대한 수많은 연구 결과들이 나타나게 된다.

역학 서적을 사용하여 점을 치는 방법은 비교적 일찍부터 출현하였지만 구체적인 과정과 조작 방법 및 원리는 『역전』에 이르러서야 비로소 세상 사람들 앞에 나타날 수 있었다. 「계사전」은 하늘의 수 다섯 개와 땅의 수 다섯 개가 서로 합하는 것과 대연지수의 원리에 따라서 우선 50개의 시초를 취하지만 그 가운데서 49개만 사용한다고 말한다. 양손을 사용하여 49개의 시초를 무심히 두 부분으로 나누고, 그 속에서 하나를 뽑아 왼손의 새끼손가락에 끼워둔다.[14] 그런 뒤에 오른쪽 부분에서 네 개를 하나의 단위로 삼아 나누고 남은 시초를 왼손의 약지손가락에 끼우는데, 윤달은 5년마다 한 번씩 있기 때문이다.[15] 다음으로는 왼쪽 부분에서 네 개를 하나의 단위로 삼아 나누고 남은 시초를 왼손의 중지손가락에 끼운다. 그리고 나서는 손가락에 시초를 끼우지 말고 같은 방법으로 시초 나누는 것을 다섯 차례 더 반복하며, 가장 마지막에는 얻은 숫자에 근거하여 점을 친 괘를 확정한다. 「계사전」이 서술하는 점치는 과정은 우주와 만물에 대한 경험적 관찰과 정리를 바탕으로 당시에 조직화된 "숫자"에 근거하여 숫자의 다양한 변화를 추론해내고[16], 최종적으로는 인간사의 변화를 예측하고 파악하려는 것이다.[17] 이것만으로도 공자를 대표로 하는 지식 공동체가 제사를 통해 신과 소통하고 인류의 문제를 해결하는 방법에서 기본적으로 벗어나 인간의 지혜와 능력에 의지하여 우주 및 만물의 규율과 미래의 변화

14) 하나를 뽑아 왼손의 새끼손가락 끼우는 것은 천 · 지 · 인의 삼재지도(三才之道)를 상징하고, 네 개를 하나의 단위로 삼는 것은 사계절을 상징한다.

15) 오른쪽 부분에서 나누고 남은 시초를 왼손의 약지손가락에 끼우는 것은 윤달을 상징한다.

16) 변화의 도에 통달한다는 것을 의미한다.

17) 신의 작용(神之所爲)을 찾아내는 것이다.

를 예측해내고, 이로써 인류와 사회의 여러 종류의 일들을 원만히 처리하려고 했다는 점을 설명해낼 수 있다.

「설괘전」은 『좌전』 속에 기록된 상을 통해 점친 내용을 해석하는 방법을 계승하고 자세히 정리했는데, 『좌전』에서 복잡하게 열거되고 분류되던 내용들은 당시의 경험주의적 인식 경향을 보여준다. 하지만 이러한 경향은 『역전』에 의해 실천적 이성과 사변적 인식의 층차로 발전되었고, 음양의 이론 · 강유의 관념 · 시변의 관념 · 중과 정의 사상을 핵심으로 하는 사상 관념을 형성시켰다. 이러한 기초 위에서 역학철학의 우주관 · 예악과 교화의 사상 · 형벌 관념 · 도덕 관념 · 수양 이론과 정치 이념을 구축하였다.

제 2 장

한대의 역학

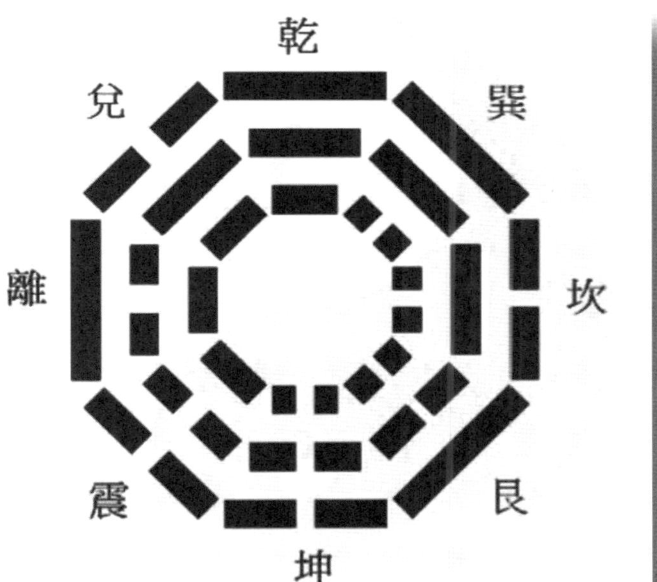

기원전 221년 진나라의 영정(嬴政, B.C.259~B.C.210)이 여섯 나라를 통일함으로써 분열된 전국 시대가 끝나게 되었다. 영정은 진나라가 원래부터 가지고 있었던 국력을 바탕으로 효과적인 정치·경제·문화·군사 정책들을 실행함으로써 진나라의 국력을 증강시켰다. 그리하여 한·조·위·초·연·제 등의 제후국들을 차례로 멸망시켰으며, 중앙집권제를 추구하는 진나라를 건립하였다. 그러한 뒤에 스스로를 "진시황제"라고 일컬었는데, "시황제" 혹은 "진시황"이라고 간단히 표현하기도 한다. 정권을 안정시키고 민중의 사상을 통일시키거나 억제하기 위해 진시황은 승상 이사의 건의를 받아들여 의약·점술·농사 등의 서적만을 보존하고 『시경』·『서경』·제자백가의 서적 및 진나라의 역사를 기록한 『진기(秦記)』를 제외한 역사서들을 전부 폐기하였다. 박사관(博士官) 이외의 사람들은 『시경』과 『서경』을 소장할 수 없었는데, 간혹 역사서를 논의한다거나 과거의 일을 가지고 현재의 일을 비난하는 사람은 죄로써 다스렸다. 이러한 문화적 재앙 속에서 『주역』은 점치는 서적으로 분류되어 다행히 재난을 피할 수 있었고, 세상에 널리 퍼지게 되었으며 역학 또한 끊임없이 전수되었다.

진시황의 폭정은 민중의 반항을 불러일으켰고, 한고조 유방은 기원전 206년 진나라를 무너뜨리고 분쟁을 평정함으로써 한나라를 건국하였다. 역사학자들은 한나라를 두 시기로 나누는데, 기원전 202년에서부터 8년까지를 서한(西漢)이라 하고 25년에서부터 220년까지를 동한(東漢)이라고 부른다. 한나라 시기는 역학의 발전이 흥성했던 때로 서한과 동한 두 단계 모두 역학의 측면에서 탁월한 업적을 이룬 학자들이 대거 등장하여 다양한 학파와 체계적인 역학 이론들을 구축하였다. 선진 시기와 가장 다른 점은 경전을 해석하여 성인의 도를 전달하는 일을 직무로 하는 "경사(經師)"가 나타났다는 것이다. 이러한 풍조가 나타난 원인으로는 세 가지를 들 수 있다. 첫째, 한나라 정부는 교육의 발전과 문화의 진흥을 중시한다. 특히 한무제 이후 유가의 사상이 크게 일어나게 됨에 따라 『주역』은 유가의 경전으로서 "경전 가운데 으뜸"으로 추앙되었다. 『주역』은 매우 높은 지위를 차지하였으며, 학교의 교과목과 학자들의 필독서 가운데 하나가 되었다. 둘째, 한나라 정부는 중앙에 오경박사(五經博士)라는 직책을 설립하였는데, 역경박사(易經博士)는 그 가운데 하나로서 『주역』은 보편적으로 사용하는 경전이 되었다. 이것은 역학을 공부하고 전파하며, 역학의 전문적인 연구를 촉진하는 데에 있어 중요한 작용을 일으켰다. 셋째, 중국 문화의 역사적 발전은 매우 길고, 많은 문화적 핵심을 형성하였으며, 문화의 계승과 전파의 측면에서 매우 견고한 민중을 기반으로 하고 있다. 설령 진시황의 냉혹한 통치 속에서도 문화의 맥은 끊어지지 않았다. 이와 같은 전통은 한나라의 비교적 평화롭고 번창한 환경 속에서 필연적으로 확대되어 다양한 형태의 역학들이 점차 승부를 겨루는 분위기를 형성시켰다. 이상의 세 가지 특징에 기초하여 한나라의 역학은 순조롭게 번영하고 발전되었다.

1. 서한의 역학

서한 시기에 역학은 공자로부터 여섯 대를 거쳐 제(齊) 지역의 전하(田何)에게 전달되었다. 전하의 뒤로는 주왕손(周王孫)·정관(丁寬)·복생(服生)·양하(楊何)·전왕손(田王孫) 등이 있으며, 『주역』은 한나라 초기의 짧은 기간 사이에 체계적으로 전수되었다. 이후에는 전왕손이 시수(施讎)·맹희(孟喜)·양구하(梁丘賀)에게 역학을 전수하였고, "시(施)·맹(孟)·양구(梁丘)의 학문"을 형성하였다. 맹희는 역학을 초연수(焦延壽)에게 전달하였고 초연수는 경방(京房)에게 비교적 큰 영향을 미쳤으며, "맹(孟)·초(焦)·경(京)의 학문"이 형성되었다. 이상은 서한 시기 역학의 주요 전수 체계와 발전 맥락을 구성한다.

(1) 맹희의 역학

맹희(孟喜)는 자가 장경(長卿)이고, 서한 시기 동해(東海) 난릉(蘭陵) 지역의 사람이다.[1] 그는 한소제(漢昭帝)·한선제(漢宣皇) 시기, 다시 말해 대략 기원전 90년에서 기원전 40년까지 활동하였다. 맹희는 서한의 유명한 역학자로 조정을 대표하는 인물 가운데 하나인 동시에 한나라 상수 역학의 창시자이다.

---

1) 지금의 중국 산동성 임기(臨沂)·조장(棗莊) 지역 일대를 가리킨다.

맹희는 전왕손에게 역학을 배웠으며, 시수 · 양구하와는 동문으로 역학의 구축이라는 측면에서 비교적 두드러졌다. 그는 원래부터 스스로를 치켜세우는 습관이 있었고, 자신의 『역가후음양재변서(易家候陰陽災變書)』가 스승인 전왕손이 임종 직전 자신에게만 전수했다고 거짓말을 하였다. 그렇지만 동문인 양구하에 의해 거짓이 들통나 황제가 그를 역경박사로 임명하길 원하지 않는 상황을 초래하기도 하였다. 하지만 객관적으로 말하자면 맹희의 역학적 성취는 시수와 양구하에 비해 후대에 더욱 큰 영향을 미쳤다. 그의 공헌은 괘기설을 풍부하고 완전하게 만든 데에 있다.

"괘기설(卦氣說)"은 『주역』의 육십사괘가 1년 가운데 음양의 기가 나아가고 물러서며, 사그라들고 자라는 것과 대응하고 호응하는 것을 가리킨다. 1년은 봄 · 여름 · 가을 · 겨울이라는 4계절, 12개의 달, 24개의 절기, 72개의 후(候)로 구성되어 있는 것처럼 "괘기설"의 체계는 사정괘설(四正卦說) · 십이소식괘설(十二消息卦說) · 육일칠분설(六日七分說) · 칠십이후설(七十二候) 등을 포함한다. 이것들을 통틀어 "괘기설"이라고 일컫는다.

① 사정괘설

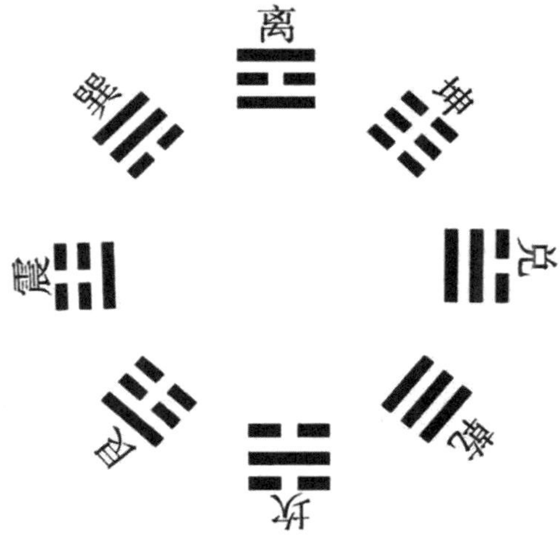

후천팔괘도

이 이론은 『주역』, 「설괘전」 속의 진 · 이 · 태 · 감 네 괘가 동 · 남 · 서 · 북 네 방위에 각각 대응한다는 주장으로 고개에 봄 · 여름 · 가을 · 겨울 네 계절을 동 · 서 · 남 · 북과 결합하는 방법과 결합하고 더욱 체계화한 것이다. 그리하여 진괘는 정동쪽에 자리하여 봄에 대응하고 2월의 춘분(春分)에서 5월의 망종(芒種)까지를 대표하는 것으로 조정하고, 이괘는 정남쪽에 자리하여 여름에 대응하고 5월의 하지(夏至)에서 8월의 백로(白露)까지를 대표하는 것으로 조정하며, 태괘는 정서쪽에 자리하여 가을에 대응하고 8월의 추분(秋分)에서 11월의 대설(大雪)까지를 대표하는 것으로 조정하고, 감괘는 정북쪽에 자리하여 겨울에 대응하고 11월의 동지(冬至)에서 2월의 경칩(驚蟄)을 대표하는 것으로 조정한다.

이로부터 맹희는 괘의 순서·방위·네 계절·스물네 개의 절기를 하나의 체계 속으로 포함시켰고, 사물의 변화 순서 가운데 그것들을 정교하게 분배하였다. 이러한 이론은 객관적인 경험을 통해 검증한 것으로 후대 대부분의 사람들에 의해 받아들여지게 된다.

② 십이소식괘설

십이소식괘

이 이론은 음양이 사그라들고 자라는 변화에 따라서 『주역』의 육십사괘 가운데 12개의 특수한 괘를 선별하고, 이를 음양이 변화하는 특징과 결합시킨 것이다. 다시 말해 12개의 괘를 특정한 순서에 따라서 배열하고 1년 열두 달에 대응시킨 것이다. 이 12개의 괘는 복괘 · 임괘 · 태괘 · 대장괘 · 쾌괘 · 건괘 · 구괘 · 돈괘 · 비괘 · 관괘 · 박괘 · 곤괘이며, 그 가운데 앞의 여섯 괘는 양이 자라고 음이 사그라들고, 뒤의 여섯 괘는 음이 자라고 양이 사그라진다. 나아가 태괘 · 대장괘 · 쾌괘는 봄에 해당하고, 건괘 · 구괘 · 돈괘는 여름에 해당하며, 비괘 · 관괘 · 박괘는 가을에 해당하고, 곤괘 · 복괘 · 임괘는 겨울에 해당한다. 십이소식괘설은 『주역』

육십사괘의 괘변·효변이 가지는 규칙을 네 계절·열두 개의 달 가운데 음양이 사그라들고 자람에 따라 나타나는 기후의 변화와 결합한 결과물이다.

③ 육일칠분설

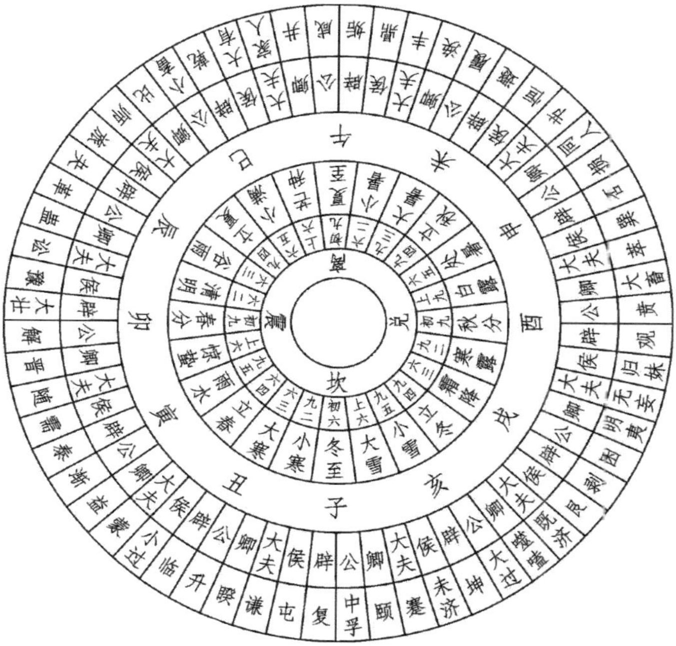

육일칠분도

맹희는 사정괘와 십이소식괘설에 바탕하고 육십사괘 가운데 진·리·감·태 사정괘를 제외한 60개의 괘를 1년 365일에 배치함으로써 모든 괘가 6일 7분을 차지하도록 만들었다. 따라서 이것을 "육일칠분설"이라고 일컫는데, 맹희의 이러한 방법은 천문학적 자료에 근거했던 것으로 보인다. 당시의 천문학자들은 1년의 날짜를 365일하고도 ¼일이라고 측정하였으며, 이것을 60으로 나누면 모든 괘가 6하고도 80분 7일을 차지한다는 결과를 도출하였다.

④ 칠십이후설

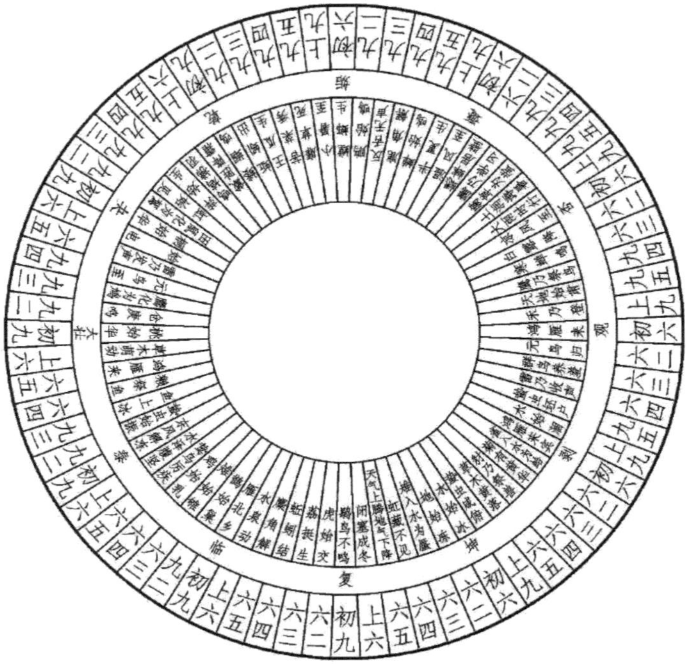

칠십이후도

이 이론은 24절기에 기초하여 역법과 『주역』의 괘들을 결합한 것으로 『주역』을 해설하는 하나의 체계가 되었다. 72후는 24절기의 모든 절기를 셋으로 나눈 것을 가리키는데, 72개의 부분으로 구성된다. 모든 부분을 하나의 "후"라고 부르기 때문에 1년이 72후로 되었다고 말한다. 이러한 구분 방법은 원래 고대 사람들이 천문과 절기의 변화를 자세히 관찰한 뒤에 다양한 특징에 근거하여 구체적인 묘사를 덧붙인 것이며, 이를 기준으로 생산과 생활 활동을 진행한 것이다. 맹희는 60개의 괘를 1년의 날

짜와 결합하면서 60개의 괘를 벽(辟)·공(公)·후(侯)·경(卿)·대부(大夫)라는 다섯 조직으로 나눈다. 각각의 조직은 12개의 괘로 구성되어 있고 모든 괘는 하나의 후에 해당되는데, 60개의 괘는 60개의 후에 해당되며 남은 12후 또한 후괘로 만들었다. 맹희의 이러한 방법은 고대 역법·계절의 변화에 대한 지식을 기초로 한 것으로 그 목적은 『주역』을 점서의 측면에서 더욱 잘 응용하는 데에 있다. 하지만 견강부회하는 측면이 매우 심하였기 때문에 후대의 많은 역학자들에게 비판을 받았다.

맹희가 건립한 괘기 이론의 가장 큰 특징은 당시의 천문학·역법·계절의 변화 등 객관적 사물이 가지는 규율에 대해 관찰한 결과를 비교적 긴밀하게 결합했다는 것이다. 그리하여 『주역』이 가지는 예측의 기능을 질서화하고 체계화하여 미래지향적이면서도 설득력을 갖춘 이론이 될 수 있도록 노력하였다. 그의 이러한 방법은 두말할 것도 없이 고대 역학 서적을 운용하여 점친 내용들을 참고하되 예측의 우연성과 불확실성을 최대한 피하고자 한 것인데, 이는 현실적 근거와 이론적 혁신이라는 특징을 분명히 갖추고 있다. 맹희의 제자 초연수를 거치면 이러한 측면은 한층 더 확장되는데, "괘기설"은 후대 역학자들에 막대한 영향력을 미쳤다.

(2) 초연수의 역학

초연수(焦延壽)는 이름이 공(贛)이고 자는 연수(延壽)이며, 서한 시기 양(梁) 지역의 사람이다.[2] 초연수는 출신이 빈천하여 사회적인 지위가 비교적 낮았으나 독서를 좋아하였으며, 이 때문에 그 지역의 권력자인 양왕(梁王)의 관심과 지원을 받아 끝내 학문적 성취를 이룰 수 있었다. 한소제의 시기에는 군사(郡使)라는 관직에 임명되었고, 뒤에는 승진하여 소황현령(小黃縣令)으로 발탁되었다.[3] 그는 성격이 고상하고 관직에 올라서는 정치에 힘을 쏟았으며, 아랫사람과 백성을 아끼고 보호하여 정치적인 업적을 분명히 드러내었다. 국가에서 관리를 심사할 때에 초연수는 성과가 가장 좋았기에 더욱 높은 관직에 오를 수 있었지만 그 지역의 백성들은 그가 떠나는 것을 아쉬워하였다. 이에 민중들 가운데 위엄과 신망이 있는 대표가 황제에게 상소를 올려 초연수를 유임시켜달라고 청하였다. 황제는 백성들의 요구에 응하여 초연수에게 녹봉을 올려주고 평생을 소황 지역에서 지내도록 하였다.

초연수는 맹희에게 『주역』을 배우는 동시에 다양한 역학 이론들을 널리 흡수하고 참고하였으며, 『초씨역림(焦氏易林)』을 저술했다고 전해 내려온다. 이 서적 속에서 가장 특징적인 내용은 육십사괘 치일법(値日法)인데, 이 방법은 육십사괘를 1년의 날짜로 짝지은 것으로 사정괘를 제외한 60개의 괘가 6일씩 담당하면 모두 360일이 된다는 것이다. 이러한 방법은 분명히 맹희의

---

2) 지금의 하남성 상구(商丘) 지역이다.

3) 지금의 하남성 난고(蘭考) 지역 일대이다.

육일칠분설을 계승한 것이다. 나아가 그는 사정괘가 각각 하루씩 담당하도록 만들어 맹희가 사정괘를 사용하지 않는 육일칠분설과는 차별화한다. 하지만 초연수의 육십사괘는 364일만 담당하기 때문에 나머지 하루하고도 ¼은 배치하기 어려울 수밖에 없다.

『초씨역림』의 또 다른 특징은 서한 심지어 이전 시기에 점을 쳤던 사례와 역상(易象)들을 많이 기록했다는 것이다. 이러한 사례와 역상들은 고대의 사람들이 『주역』을 운용하고 연구할 때에 사용했었지만 후대에 실전된 것들이었다. 따라서 이 서적은 서한 및 이전 시기의 역학을 이해하고 연구할 때에 매우 중요한 가치를 가진다. 초연수 스스로도 점을 치고 예측하는 측면에서 매우 높은 수준을 갖추고 있었는데, 자연재해와 기이한 현상의 발생 및 변화를 비교적 잘 예측하였고, 비와 바람·추위와 더위 등에 대해 점을 치면 곧잘 들어맞았다.

그는 관직에 있을 때 나쁜 짓을 하여 범죄를 저지르는 위법 행위를 사전에 예견하기도 하고, 신속하면서도 효과적으로 처리함으로써 범죄 활동의 발생을 근절하였다. 도적들 역시 소황 지역에서 범죄를 저지르지 못하였기에 그 지역의 범죄율은 대폭 감소하였고, 백성들은 더욱 편안한 생활을 유지할 수 있었다. 초연수는 제자들 가운데서 자신의 사상과 학설을 배울 수 있으면서도 백성들을 위해 희생할 수 있는 사람으로 경방(京房)을 지목한 적이 있다. 동시에 그는 경방이 『주역』을 배운다면 스스로의 생명을 위태롭게 만들 것이라고 단언하였다. 이러한 추론은 결국 들어맞게 되었는데, 경방은 마흔한 살에 다른 사람의 모함을 받고 사망하였다.

(3) 경방의 역학

경방(京房, B.C.77~B.C.37)의 자는 군명(君明)이고, 서한 시기 동군(東郡) 돈구(頓丘) 지역 사람이다.[4] 경방은 초연수를 따라서 『주역』을 공부하였으며, 초연수가 가장 칭찬하는 제자였다. 그는 스승의 이론을 거의 모두 익혔으며 운용의 측면에서도 더욱 신통하였는데, 재해·이상 현상 및 비와 바람·추위와 더위 등의 발생을 정확하게 예측하였다.

경방이 기원전 45년에 효렴낭관(孝廉郎官)이라는 관직에 임명된 이후, 몇 년간 나라에는 자연재해 혹은 기이한 자연 현상이 끊이지 않았다. 이에 대해 경방은 대다수의 재해가 도래할 구체적인 시기를 예언하거나 몇 개월 전 혹은 몇 년 전부터 예고하였는데, 거의 매번 들어맞았다. 황제는 이 사실을 알고 기뻐하면서 항상 경방을 불러 재이 현상의 원인과 대책에 대해 질문하였고, 그에게 전국의 크고 작은 관리들의 사무를 시찰하고 단속하게 하였다. 이 시기에 경방은 황제의 신임을 얻었다고 판단하여 석현(石顯)과 오록충종(五鹿充宗) 등 나라에 위험이 되는 일부 관리들을 제거하고자 하였다. 그러나 경방이 황제를 위해 국가의 위기를 극복하고 나라에 재앙이 되는 권력자들을 제거하기도 전에 황제는 석현 일당의 말을 곧이곧대로 듣고 경방을 위군(魏郡)의 관리로 파견하였다. 그런 뒤에 경방이 다른 사람과 공모하여 정치를 비방하고 황제를 무고하며, 제후와 결탁하여 중앙 정부를 따르지 않았다는 등의 몇 가지 죄목으로 수도인 장안에 압송하

4) 지금의 하남성 청풍(清豊) 부근이다.

였다. 같은 해 11월 경방은 피살되었다.

경방의 일생은 『주역』을 배웠기에 관리가 되었고, 『주역』을 잘 이용하였기에 황제로부터 총애를 받았지만 오히려 이로 인해 위험에 빠지게 되었다. 소문에 따르면 경방은 죽기 전에 제자인 주창(周敞)에게 자신이 죽은 후 30일이 지나면 하늘에 반드시 하나의 별이 지나갈 것이며, 자신은 죄가 없지만 피살되었음을 나타낸다고 말했다고 한다. 결국 30일 후에 하늘에는 경방이 말한 현상이 나타났다. 이후에 한성제(漢成帝)가 즉위하여 석현과 그의 일당을 응징하고서야 경방의 결백함이 밝혀지게 되었다. 경방은 다재다능하여 역학의 측면에서 많은 공로를 세웠고, 저술한 서적은 수십 종에 이르지만 비교적 완전하게 전해 내려오는 것은 『경씨역전(京氏易傳)』뿐이다. 완전하지는 않지만 통계에 따르면 이 서적에는 납갑설(納甲說)·납지설(納支說)·팔궁설(八宮說)·오행설(五行說)·괘주설(卦主說)·괘시설(卦時說)·중위설(中位說)·작위설(爵位說)·당위설(當位說)·비복설(飛伏說)·호체설(互體說)·괘기설(卦氣說)·성숙배괘설(星宿配卦說)·건후설(建候說)·세괘기월례(世卦起月例) 등 경방이 창시하고 보완한 수십여 종의 이론들이 기록되어 있다. 이 가운데서 중요한 네 가지를 소개하면 다음과 같다.

① 납갑설과 납지설

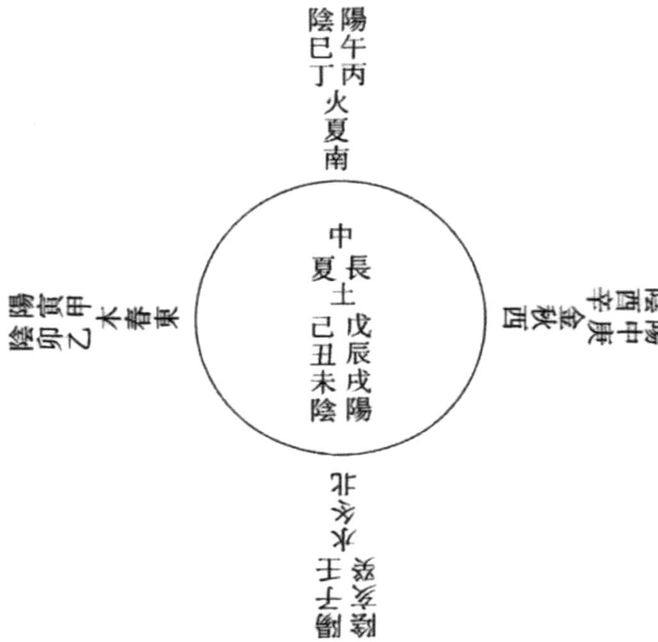

간지를 통해 본 음양 · 오행 · 계절 · 방위

전통적인 의미에서 납갑설(納甲說)은 납지설(納支說)을 포함한다. 납갑이라는 것은 갑 · 을 · 병 · 정 · 무 · 기 · 경 · 신 · 임 · 계로 구성된 열 개의 천간(天干)을 받아들인 것이고, 납지라는 것은 자 · 축 · 인 · 묘 · 진 · 사 · 오 · 미 · 신 · 유 · 술 · 해로 구성된 열두 개의 지지(地支)를 받아들인 것이다. 천간과 지지는 본래 옛날 사람들이 해와 달 등의 시간을 표시하는 명칭으로 이러한 표기 방법은 옛날 사람들의 생활 속 실천과 경험 속 관찰에서 기원한다. 옛날 사람들은 천간에 특별한 의미를 부여하여 봄·여름·가을·겨울이라는 네 계절과 동·서·남·북이라는 네 방위 및 금·목·수·화·토라는 오행을 배치하고 결합하였다. 경방은 이를 바탕으로 팔괘를 천간에 배열함으로써 추론을 시도하였는데, 갑이 천간의 으뜸이 되기 때문에 "납갑"이라고 부른다. 구체적인 내용은 건은 갑과 임을 받아들이고, 곤은 을과 계를 받아들이며, 간은 병을 받아들이고, 태는 정을 받아들이며, 감은 무를 받아들이고, 이는 기를 받아들이며, 진은 경을 받아들이고, 손은 신을 받아들인다는 것이다. 납지의 구체적인 방법은 자·인·진·오·신·술이라는 여섯 개의 양지(陽支)를 건·진·감·곤과 배합하여 각각의 괘가 여섯 개의 양지를 순서대로 취하는 것이고, 축·묘·사·미·유·해라는 여섯 개의 음지(陰支)를 곤·손·이·태와 배합하여 각각의 괘가 여섯 개의 음지를 역순으로 취하는 것이다. 즉 건괘의 여섯 효는 아래에서부터 각각 자·인·진·오·신·술을 받아들이고, 진괘는 건괘의 큰아들이기에 받아들이는 방법이 건괘와 같다. 감괘는 인·진·오·신·무·자를 받아들이고, 간괘는 진·오·신·무·자·인을 받아들인다. 곤괘는 미·사·묘·축·해·유를 받아들이고, 손괘는 축·해·유·미·사·묘를 받아들이며, 이괘는 묘·축·해·유·미·사를 받아들이고, 태괘는 사·묘·축·해·유·미를 받아들인다. 경방의 이러한 방법은 구체적인 추론과 예측을 하기 위해 고대의 경험적 관찰과 생활의 실천을 팔괘의 형식과 뒤섞은 것이다.

② 팔궁설

세혼(世魂) \ 팔궁(八宮)	건(乾)	진(震)	감(坎)	간(艮)	곤(坤)	손(巽)	이(離)	태(兌)
일세(一世)	구(姤)	예(豫)	절(節)	비(賁)	복(復)	소축(小畜)	여(旅)	곤(困)
이세(二世)	돈(遯)	해(解)	둔(屯)	대축(大畜)	임(臨)	가인(家人)	정(鼎)	췌(萃)
삼세(三世)	비(否)	항(恒)	기제(旣濟)	손(損)	태(泰)	익(益)	미제(未濟)	함(咸)
사세(四世)	관(觀)	승(升)	혁(革)	규(睽)	대장(大壯)	무망(无妄)	몽(蒙)	건(蹇)
오세(五世)	박(剝)	정(井)	풍(豊)	이(履)	쾌(夬)	서합(噬嗑)	환(渙)	겸(謙)
유혼(遊魂)	진(晉)	대과(大過)	명이(明夷)	중부(中孚)	수(需)	이(頤)	송(訟)	소과(小過)
귀혼(歸魂)	대유(大有)	수(隨)	사(師)	점(漸)	비(比)	고(蠱)	동인(同人)	귀매(歸妹)

경방의 팔궁괘서표

경방은 육십사괘를 여덟 조로 나누었으며, 여덟 개의 순괘(純卦)를 각 조의 첫 번째 자리에 위치시킴으로써 다른 일곱 개의 괘를 통솔하도록 만들었다. 이와 같은 조를 궁(宮)이라고 일컬었으며, 건궁·곤궁·진궁·손궁·감궁·이궁·간궁·태궁이 있다. 모든 궁의 여덟 괘는 위에서부터 아래로 상세괘(上世卦)·일세괘(一世卦)·이세괘(二世卦)·삼세괘(三世卦)·사세괘(四世卦)·오세괘(五世卦)·유혼괘(遊魂卦)·귀혼괘(歸魂卦)가 된다. 경방의 설명은 『주역』 육십사괘의 괘상이 가지는 분포적 특성에 근거하고, 당시의 「설괘전」·팔풍설(八風說)·음양소식 사상과 오행학설에 의거하며, 역학 서적을 사용하여 점친 결과들을 결합함으로써 창조한 것으로 보인다.

③ 오행설

경방의 오행설과 팔궁설은 밀접한 관련이 있다. 중국에서 오행 사상은 매우 이른 시기부터 존재하였으며, 오행의 상생과 상극에 대한 인식 또한 경방의 이전에 이미 형성되어 있었다. 경방의 공헌은 오행설을 괘효와 그 관계에 대한 해설 속에 전면적으로 도입하고, 오행 사상으로 점을 치는 방법을 토론함으로써 『주역』을 해석하는 이론을 창조적으로 발전시킨 데에 있다. 경방은 가장 먼저 오행을 팔괘에 배치하여 건은 금에 속하고, 진은 목에 속하며, 감은 수에 속하고, 간은 토에 속하며 곤은 토에 속하고, 손은 목에 속하며, 이는 화에 속하고, 태는 금에 속한다고 생각하였다. 팔괘의 속성은 그것이 자리한 궁(宮)의 속성을 직접적으로 나타내는데, 이를 통해 각각의 궁과 각각의 괘가 가지는 오행의 전체적인 성질을 확정한다. 육십사괘가 가지는 오행의 속성을 해결한 이후, 경방은 납지설에 근거하여 지지(地支)가 가지는 오행의 속성을 가지고 모든 괘가 가지는 여섯 효의 오행적 성질을 확정한다.

이상의 몇 단계를 거치면서 경방은 전면적이고 체계적인 오행의 상생과 상극이라는 관계를 구축하였다. 경방은 점을 친 각각의 사례 속에 포함된 구체적인 관계를 분석하고, 점을 치는 규칙을 다양한 방법과 결합함으로써 점치는 사람·일·물건 등이 가지는 길흉과 득실을 확정할 수 있다고 생각한다.

점에 대한 경방의 이론과 『주역』을 해석하는 방법은 세상에 존재하는 모든 것들을 포용한다는 특징을 가진다. 그는 우주론·수학·천문학·역법·계절의 변화·오행·음양·악률 등의 다양한 지식을 폭넓게 흡수한 뒤에 『주역』의 괘효가 가지는 규율과 유기적으로 융합시킴으로써 다양하고 구체적이며 세밀하고 이론성을 갖춘 경씨역학(京氏易學)을 건립하였다. 그의 역학 이론은 맹희와 초연수 등 선배 역학자들을 훨씬 능가하였는데, 이는 후대 사람들에 의해 상수 역학으로 요약된다. 경방의 역학은 뛰어넘기 어려운 높은 수준일 뿐만 아니라 그가 당시에 상층 사회에 처해 있었기에 사회적으로도 넓은 영향력을 가지고 있었다. 따라서 그에게서 공부한 사람들은 귀족의 자제 · 정부의 관리 · 학자 · 서민 · 은둔한 선비에 이르기까지 조정과 민간에 두루 걸쳐있었으며, 동한 역학의 발전에 직접적인 영향을 미쳤다. 그리하여 동한의 역학자들이 형성한 집단은 중국역학사에서 매우 중요한 역학적 학파가 되었다.

(4) 도가의 역학

도가 사상은 전국 시기에서 서한 시기까지 매우 활발하였다. 그 가운데는 도가의 사상과 역학의 이론을 융합하고 혁신했던 도가의 학자들이 적지 않았다. 그들은 우주생성론·본체론·음양학설 등의 측면에서 도가와 『주역』의 이론을 서로 소통시키고 해석하려는 경향을 나타내었다. 이를테면 『주역』과 노자 사상의 결합을 시도하여 창작한 『태현(太玄)』을 들 수 있는데, 이러한 학자들은 "도가해역학파(道家解易學派)"라고 불린다. 대표적인 인물과 작품은 유안(劉安)의 문인들이 저술한 『회남자(淮南子)』와 양웅(揚雄)의 『태현』을 들 수 있다.

유안(劉安, B.C.179~B.C.122)는 황족의 후예로 회남왕에 봉해졌을 때에 많은 빈객들을 불러모아 『회남자』를 편찬하였다. 『회남자』에 등장하는 많은 인용문들은 백서 『역전』과 관련이 있는데, 『회남자』의 「인간훈(人間訓)」·「무칭훈(繆稱訓)」과 백서 『역전』의 「이삼자(二三子)」·「충(衷)」 등은 여러 지점에서 일치한다. 이것은 『회남자』가 한나라 및 선진의 수많은 역학 자료들을 보존하고 있다는 점을 나타낸다. 이외에도 「천문훈(天文訓)」의 "도(道)를 일러 규(規)라고 한다. 도는 일(一)에서 시작되고, 하나로서는 생성 작용을 하지 못하므로 일은 음과 양 둘로 나누어지고, 음과 양이 상호 조화함으로써 만물이 생성된다. 그러므로 '일이 이(二)를 낳고, 이가 삼(三)을 낳으며, 삼이 만물(萬物)을 생성한다.'라고 말하는 것이다."[5] 등으로부터 도가 사상과 역학이 융합되어 새

---

5) 『淮南子』, 「天文訓」, "道曰規. 道始於一, 一而不生, 故分而爲陰陽, 陰陽合和, 而萬

로운 우주 관념을 만들어냈다는 점을 엿볼 수 있다. 양웅(揚雄, B.C.53~18)이 『주역』을 모방하여 저술한 『태현』의 기계적 체계와 비교해보면 『회남자』는 비록 역학 서적은 아니지만 도가 사상을 바탕으로 융합하고 창작한 작품으로서 역학 발전의 새로운 국면이자 사상 발전의 새로운 지표라고 부를 만하다.

物生. 故曰, 一生二, 二生三, 三生萬物."

2. 동한의 역학

서한의 역학 연구는 동한의 역학에 직접적인 영향을 미쳤는데, 이는 동한의 역학이 맹희 · 초연수 · 경방의 상수 역학을 계속해서 전승했다는 점에서 분명히 드러난다. 그러나 원래부터 『주역』에 대한 훈고적 해석을 중시했던 비직(費直)의 역학은 마융(馬融) · 정현(鄭玄) · 순상(荀爽) 등의 유명한 경사(經師)들을 출현시켰고, 고문 역학이라는 학파가 한때 크게 번창하게 된다. 위백양(魏伯陽)은 도가 사상과 『주역』의 상수 이론 및 양생술 등을 융합하여 『주역참동계(周易參同契)』를 저술하였다. 그리하여 역학 이론을 양생의 측면에 활용하였고, 괘기설을 가지고 연단술(練丹術)을 해석함으로써 중국 도교 역학의 선구자가 되었다.

(1) 고문 역학

서한의 역학은 맹희 · 초연수 · 경방을 대표로 하는 역학 학파 이외에도 주왕손 · 정관 · 양하 등의 사람들을 대표로 하는 학파가 존재하였는데, 이들은 『주역』의 대의를 훈고적으로 해석하는 데에 중점을 두었다. 한나라 초기의 역학적 전통을 계승하여 『역전』을 가지고 『역경』을 해석했던 비직은 『주역』을 연구하는 또 다른 학파인 고문(古文) 역학을 대표한다. 이 학파는 동한에서 유명한 학설이 되었으며, 민간의 역학 가운데서 가장 뛰어난 학술이 되었다.

① 마융의 역학

마융(馬融, 79~166)은 자가 계장(季長)이고, 동한 시기 부풍(扶風) 무릉(茂陵) 지역 사람이다.[6] 그는 어려서부터 외모가 준수하고, 말을 잘하였으며, 재능이 있었다. 이 시기에 수도에는 지순(摯恂)이라는 사람이 관직을 달가워하지 않고 남산에 은거하였는데, 그는 유가 사상으로 제자들을 잘 가르쳤기에 관서(關西) 일대의 사람들에게 명성이 자자하였다. 마융 또한 지순을 흠모하여 그에게서 가르침을 구하였고, 몇 년이 지나지 않아 모르는 것 없이 경서의 내용에 완전히 정통하게 되었다. 마융은 지순의 총애를 받았으며, 지순은 자신의 딸을 마융에게 시집보냈다. 그렇지만 한 명의 관리로서 마융이 겪었던 여정은 매우 험난했는데, 여러 권력자들로부터 배척되어 뛰어난 재능을 펼칠 기회조차 얻지 못했다. 늙어서는 병치레가 잦아져서 관직을 그만두었다. 마융은 학문이 깊고, 재주가 풍부하며, 경전에 통달한 것으로 이름을 떨쳤다. 이에 많은 사람들이 그의 제자가 되기를 원하였으며, 그가 가르치는 제자들은 수천 명에 이르게 된다. 그 가운데서 비교적 유명한 제자는 탁군(涿郡)의 노식(盧植)이 있으며, 후에 정부의 관리이자 학자가 되었다. 북해의 정현 또한 마융에게서 배운 뒤에 유명한 대학자가 되었다. 하지만 애석하게도 마융이 『주역』을 주석한 서적은 유실되어 현재 남아있는 것이 많지 않다.

---

6) 지금의 섬서성 흥평(興平) 지역이다.

② 정현의 역학

정현(鄭玄, 127~200)은 자가 강성(康成)이고, 동한 시기 북해(北海) 고밀(高密) 지역 사람이다.[7] 정현은 어려서부터 집안 형편이 어려웠기에 변변찮은 직업을 가지고 생활을 유지하였지만 책 읽는 것을 상당히 좋아하였으며, 한가할 때에는 학식이 있는 사람들을 찾아가기도 하였다. 그는 다른 사람들의 도움 속에서 나라의 태학(太學)에 들어갈 수 있는 기회를 얻었으며, 유명한 제오원선(第五元先)으로부터 『경씨역(京氏易)』·『춘추공양전(春秋公羊傳)』·『삼통력(三統曆)』·『구장산술(九章算術)』을 배웠다. 태학에서 공부한 이후, 정현은 동군(東郡)의 학자 장공조(張恭祖)를 스승으로 모시고 『주관(周官)』·『예기(禮記)』·『춘추좌씨전(春秋左氏傳)』·『한시(韓詩)』·『고문상서(古文尙書)』 등을 깊이 연구하였다. 하지만 정현은 만족하지 못하고 서쪽을 향해 출발하여 당시 가장 유명한 경사(經師)였던 마융을 찾아가 스승으로 모셨다. 정현은 밤낮을 가리지 않고 문장과 전적들을 자세히 공부하였으며, 게을리하지 않았다. 10여 년을 공부한 끝에 스승과 동문들에게 작별을 고하고 귀향길에 오를 때에 마융은 제자들에게 "지금 정현이 나를 떠나려고 하니 나의 학설은 그를 따라서 동쪽에 전달될 것이다."[8]라고 감격하여 말하였다. 정현은 고향인 동래(東萊)로 돌아와 농사를 지으면서 제자들을 받아들였으며, 그 명성은 나날이 높아졌지만 가르치고 배우는 데에만 만족하였고 관직과 작위에 유혹되지 않았다. 공융은 정현의 집에 직접 방문하여 정현의 비범한 학문과

---

7) 지금의 산동성 고밀(高密) 지역이다.

8) 『後漢書』, 「鄭玄傳」, "鄭生今去, 吾道東矣."

숭고한 품성을 표창하도록 고밀의 현령에게 정현이 사는 곳에 “정공향(鄭公鄕)”을 세우고, 정현의 집 앞의 도로를 확장하여 커다란 수레가 통과할 수 있도록 만들며, 이곳을 “통덕문(通德門)”라고 이름을 붙이도록 지시하였다. 정현은 칠십 네 살에 세상을 떠났는데, 이때에 제자들은 이미 천여 명을 넘어섰다.

정현은 평생 학문의 연구와 가르침에 몰두하였으며, 저작 또한 매우 많아서 당시 거의 모든 연구 영역들을 다루고 있다. 그의 제자들은 스승이 살아생전 제자들의 질문에 대해 대답한 내용을 『논어』의 체계와 비슷한 『정지(鄭志)』로 편찬하였다. 정현이 주석을 달았던 서적으로는 『주역』·『상서(尙書)』·『모시(毛詩)』·『의례(儀禮)』·『예기(禮記)』·『논어(論語)』·『효경(孝經)』·『상서대전(尙書大傳)』·『중후(中候)』·『건상력(乾象曆)』이 있고, 스스로 저술한 것으로는 『천문칠정론(天文七政論)』·『노예체협의(魯禮禘祫義)』·『육예론(六藝論)』·『모시보(毛詩譜)』·『박허신오경이의(駁許愼五經異義)』·『답임효존주례난(答林孝存周禮難)』가 있으며, 모두 백만여 글자이다. 정현은 경서와 서적의 의미 해석에 있어서 소박하지만 실제적인 것을 추구하며, 문장의 정확한 의미와 그 속에 내함된 미묘한 사상을 탐구하였다. 따라서 사람들은 그를 순수하고 올바른 유학자로 생각하였으며, 제(齊)와 노(魯) 지역의 사람들은 그를 종사(宗師)로 우러러 받들었다.

역학의 측면에서 정현은 훈고의 방법을 사용하여 『주역』과 『역위』를 주석하고 해석한다. 『역위』는 동한 시기 『주역』을 상세히 해석한 저작으로 나타난 배경이 복잡하고, 오랜 시간에 걸쳐 완성되었으며 받아들이는 내용과 자료 또한 번잡하기 때문에 후대에 이해되지 않는 부분이 상당히 많았다. 오직 정현만이 경서(經書)와 위서(緯書)에 모두 주석을 하였기에 역사적인 공헌 또한 매우 크다고 할 수 있다. 정현의 주석 방법은 비직과 마융의 역학적 방법을 계승한 것인데, 10여 년 동안의 학습 기간 속에서 여러 스승에게 끊임없는 가르침을 구한 결과이다. 그의 학문적 시야는 하나의 학파가 가지는 관점에만 국한되지 않고 여러 학파의 사상을 융합하는 노선을 향해 나아간다. 정현은 광범위하게 받아들이고 자세하게 퇴고함으로써 성인의 책에 대한 정확한 이해를 추구하였는데, 이것은 그가 한나라의 위대한 역학자가 되는 주된 원인이 되었다. 그의 역학 방법은 여러 학파의 장점을 종합하는 것이지만 효체설(爻體說)·효진설(爻辰說) 및 예(禮)로써 『주역』을 해석하는 것 등과 같이 스스로 창안한 것도 많다.

효체설은 정현이 창안한 것으로 『주역』을 해석하는 새로운 체계이다. 효는 괘 속의 어떤 하나의 효이고, 체는 팔괘의 괘체(卦體) 혹은 육획괘가 가지는 상하의 괘체를 가리킨다. 즉 효체란 어떤 효가 어떤 하나의 괘체를 대표하는 동시에 어떤 괘의 의미를 대표할 수 있다는 것을 말한다. 팔괘로 말하자면 어떤 하나의 양효 혹은 어떤 하나의 음효가 그 괘의 주된 성질과 의미를 결정한다는 것인데, 다시 말해 어떤 괘의 상징 혹은 그 괘의 주인이라고 할 수 있다. 정현은 여기에 기초하여 팔괘의 괘주설(卦主說)을 육십사괘로 확대하였으며, 사용하는 측면에서 더욱 큰 적용성과 유연성을 가지도록 만들었다.

효진설은 정현이 창립한 것으로 『주역』을 새롭게 해석하는 또 다른 체계이다. 효는 괘효이고, 진은 십이진(十二辰) 또는 십이지지(十二地支)이다. 효진설은 건과 곤 두 괘가 가지는 열두 효와 십이진을 특정한 순서에 따라 결합하는 것을 가리킨다. 구체적으로 말하자면 십이지지 가운데 양지(陽支)인 자 · 인 · 진 · 오 · 신 · 술을 건괘의 초효에서부터 상효까지 결합시키는 것이고, 십이지지 가운데 음지(陰支)인 미 · 유 · 해 · 축 · 묘 · 사를 곤괘의 초효에서부터 상효까지 결합시키는 것이다. 이것은 다음과 같이 정리할 수 있다.

건(乾)		곤(坤)	
구월	술(戌)	사월	사(巳)
칠월	신(申)	이월	묘(卯)
오월	오(午)	십이월	축(丑)
삼월	진(辰)	십월	해(亥)
정월	인(寅)	팔월	유(酉)
십일월	자(子)	육월	미(未)

정현은 이러한 방법을 육십사괘 전체로 확대하여 육십사괘와 삼백팔십사효 모두를 진(辰) 속으로 받아들였다. 구체적인 방법은 양효는 효위에 따라서 건괘와 동일하게 받아들이고, 음효는 효위에 따라서 곤괘에 동일하게 받아들이는 것이다. 주의할 만한 점은 정현의 이러한 추론이 효진설의 시작에 불과하다는 것이다. 정현의 진정한 의도는 지지를 오행 · 음양 · 방위 · 천문학 · 역법 · 계절의 변화 등 일련의 요소들과 광범위하게 연결시킴으로써 맹희 · 경방의 상수적 이론들을 자신이 창립한 체계 속에 다

시 한번 취합하여 『주역』을 완벽하게 해석하려는 데에 있다.

정현은 동한 말기의 유명한 경사로 유가의 주요 경전에 주석을 달았는데, 이처럼 융합적 성격을 띠는 학문은 나이가 들어 『주역』을 주석하고 해석할 때에 잘 드러난다. 그의 학문에서 가장 두드러지는 점은 『주례』·『예기』와 『의례』에 대한 심도 있는 연구와 정확한 이해이고, 이를 『주역』의 문장·의미와 결합하여 예(禮)로써 『주역』을 해석한다는 것이다. 그리하여 『주역』과 다른 경전들이 서로를 보충하고 해석하여 궁극적으로 하나가 되는 새로운 역학 연구 노선을 창조하였다.

(2) 순상의 역학

정현과 같은 시대의 사람으로 순상이라는 유명한 역학자가 있다. 그 또한 역학사에서 중요한 위치를 차지하고 있다. 순상(荀爽, 128~190)은 자가 자명(慈明)이고, 동한 시기 영천(潁川) 영음(潁陰) 지역 사람이다.[9] 그는 어려서부터 공부를 좋아하여 경전을 연구하는 데에 몰두하였는데, 열두 살이 되던 해에 『춘추』와 『논어』에 통달하였다. 당시의 태위(太尉) 두교(杜喬)는 순상을 만나고서 "이 아이는 훗날 다른 사람의 스승이 될 것이다."[10]라고 평가하였다. 나아가 고향을 사람들도 "순씨 집안의 여덟 아들은 모두 용처럼 뛰어나지만 순상은 그 가운데서 비길 데가 없다."[11]라그

9) 지금의 하남성 허창(許昌) 지역이다.

10) 『後漢書』, 「荀爽傳」, "可爲人師."

11) 『後漢書』, 「荀爽傳」, "荀氏八龍, 慈明無雙."

하며 그를 칭찬하였다. 순상은 관직에는 평생동안 거의 나가지 않았으며, 정현처럼 관직에 흥미를 가지지 않았다. 비록 황제가 여러 차례 관직을 권했으나 그는 온갖 이유를 들어 사양하였고, 독서와 글쓰기 및 제자를 가르치는 데에만 전념하였다.

순상의 역학은 여러 학파를 종합하는 특색을 가진다. 그는 상수 역학의 방법과 사상을 교묘히 바꾸어 『주역』을 해석하는 동시에 본문의 취지에서 벗어나지 않고도 역학사에 존재하는 수많은 난제들을 해결하였다. 예컨대 그가 보완한 음양승강설(陰陽升降說)은 중국역학사와 철학사에서 독특한 지위를 차지하고 있다. 음양승강이란 괘효위가 상승하고 하강하는 형식을 통해 음양이기의 나아가고 물러남 · 가고 옴 · 사그라지고 자람 등의 운동상태를 나타내는 것을 가리킨다. 순상은 음양승강을 사용하는 과정에서 경방의 승강설(升降說)을 개선하였고, 『주역』의 요구에 따라서 음양승강의 다양한 상황과 결과 및 의미를 몇 가지 원칙으로 정리하였다. 이와 같은 그의 작업은 『주역』의 괘효와 문장이 가지는 내용 · 특징을 해석하는 데에 있어 매우 높은 가치를 가진다. 그의 음양설은 이전의 음양 사상 · 경방의 승강설을 바탕으로 전면적이고 깊이 있게 나타낸 것으로 이론의 측면에서 엄격함과 체계성을 가지고 있다. 이러한 이론은 구체적인 천재지변 · 기이한 사건을 토론하던 상수 역학의 형식을 초월한 것인 동시에 음양에 대한 단순한 이해를 넘어서서 사물의 운동 변화를 토론하는 철학적 시야까지 끌어올린 것이다.

(3) 우번의 역학

동한 말기에 정치는 혼란에 빠졌으며, 나라는 수십 년 동안 요동치고 불안해졌다. 이 시기에 형주 지역은 상대적으로 안정되어 유표(劉表)·송충(宋衷)·왕숙(王肅) 등의 사람들을 중심으로 하는 학술 집단이 형성되었는데, 역사서에서는 이를 "형주학파(荊州學派)"라고 부른다. 역학의 측면에서 그들은 선배 학자들에게 과감히 질문을 던지고, 획기적인 문제를 제기함으로써 번잡했던 『주역』의 주석을 간결하게 바꾸었으며, 문장을 주석하고 해석하는 분위기에서 점차 철학과 의리적인 내용을 중시하는 방향으로 전환하였다. 하지만 형주학파는 존재 기간이 짧았기에 새로운 싹이 제대로 자라나지 못했다. 오히려 이 시기에 영향력이 있었던 인물은 형주와 이웃한 나라인 오나라의 학자 우번이었다.

우번(虞翻, 164~233)은 자가 중상(仲翔)이고, 삼국 시기 오나라의 회계(會稽) 여요(餘姚) 지역 사람이다.[12] 우번은 일찍이 오나라에서 관직을 지냈으며 역학의 이치에 정통하고 예측이 정확하였기에 오나라 군주인 손권(孫權)으로부터 총애를 받았다. 훗날 손권과 유비(劉備)의 수하인 관우(關羽) 사이에 군사적 충돌이 발생하자 관우는 패배하고 도망을 치게 된다. 손권은 우번에게 전쟁의 결과에 대해 점을 치도록 하였고, 우번은 절괘(節卦)의 오효가 변하여 임괘(臨卦)가 되는 결과를 얻었다. 이에 우번은 "이틀도 지나지 않아서 관우를 죽일 수 있습니다."[13]고 하였는데, 실제로

12) 지금의 절강성 여요(餘姚) 지역을 가리킨다.

13) 『三國志』, 「虞翻傳」, "不出二日, 必當斷頭."

이와 같이 되었다. 우번은 늙어서 손권의 미움을 받았고 외지에 유배되었는데, 은거하면서 서적을 저술하고 제자들을 가르치며 생활을 하였다.

우번은 경서와 전적에 매우 정통하여 『노자』·『국어』 및 『논어』를 주석하였다. 하지만 가장 유명한 것은 역학을 깊이 연구하여 양한의 상수 역학을 집대성한 것으로 역사에서는 이것을 "우씨역(虞氏易)"이라고 일컫는다. 우번의 역학은 다양한 것들을 모두 받아들이는 특징을 가지고 있는데, 그는 당시의 역학적 연구 성과를 폭넓게 받아들이고 개선·보완하였다. 동시에 자신만의 해석 방법을 창조하는 데에 전념하였으며, 그 가운데서도 효위설(爻位說)·괘변설(卦變說)·역상설(易象說)은 비교적 중요하다. 우번의 역학은 양한의 역학적 성과를 종합하는 특징을 가지고 있으며, 특히 상수 역학의 발전이라는 측면에서 뛰어난 성과를 이루었다. 그러나 우번은 양한 시기의 학자들과 마찬가지로 유가 경서에 대한 주석과 이해를 둘러싸고 조정의 정치적 색채를 짙게 드러내었으며, 지나치게 번잡한 주석 형식은 갈수록 심각해졌다. 그 결과 경서의 이해는 더욱 난해하게 되었고, 후대 학자들은 우번의 주석을 바라보기만 해도 두려워할 지경에 이르렀다.

(4) 도교의 역학

동한 말기에는 중국의 토착 종교인 도교(道教)가 성행하기 시작하여 도가·연단과 방술·술수·민간 종교 등을 하나로 모은 자생적 사상이 출현하기 시작하였다. 대표적인 예는 동한의 역학자 위백양(魏伯陽)이 저술한 『주역참동계』를 들 수 있다. 이 책은 많은 내용들을 토론하는데, 여기서는 역학적 특성이 분명히 드러나는 "월체납갑설(月體納甲說)"을 중심으로 서술하고자 한다.

위백양은 도가의 연단 가운데 "진양화(進陽火)" · "퇴음부(退陰符)" 등의 이념을 수용하고, 달이 차고 기우는 것을 팔괘와 결합하며, 열 개의 천간을 삼획괘로 구성된 팔경괘로 받아들였다.

기본적인 내용은 매달 음력 초삼일 저녁 무렵에 초승달이 경(庚)의 위치에서 서쪽 하늘에 오르는 것을 진괘로 표시하고, 매달 음력 초팔일 저녁 무렵에 상현달이 정(丁)의 위치에서 남쪽 하늘에 오르는 것을 태괘로 표시하며, 매달 음력 십오일 저녁 무렵에 보름달이 갑(甲)의 위치에서 동쪽 하늘에 오르는 것을 건괘로 표시하고, 매달 음력 십육일 새벽 무렵에 이지러진 달이 신(辛)의 위치에서 서쪽 하늘로 사라지는 것을 손괘로 표시하며, 매달 음력 이십삼일 새벽 무렵에 하현달이 병(丙)의 위치에서 남쪽 하늘에 나타나는 것을 간괘로 표시하고, 매달 음력 삼십일에 달이 을(乙)의 위치 동쪽에서 사라져 계(癸)의 위치 북쪽에 숨어버리는 것을 곤괘로 표시한다. 그리고 이 · 감 두괘는 본래 해와 달을 의미하며 해와 달은 하늘, 즉 기(己)의 위치와 무(戊)의 위치에 자리하기 때문에 이괘는 기(己)를 받아들이고 감괘는 무(戊)를 받아들인다. 이로부터 열 개의 천간과 다섯 개의 방위 모두는 팔괘와 긴밀하게 결합된다. "월체납갑설"은 경방의 납갑설과 비슷하면서도 다른데, 경방이 열 개의 천간을 육효괘에 받아들였다는 데에서 차이가 있다. 하지만 이 둘은 모두 시간과 공간을 도식화하여 재구성한 것이다.

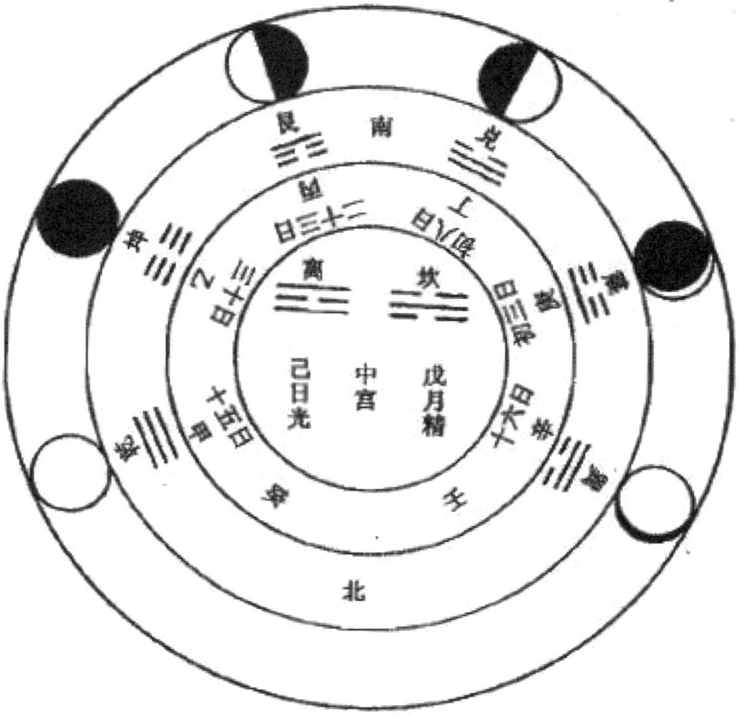

월체납갑도(月體納甲圖)

동한 시기 이후, 중국의 역사는 위진남북조 시기로 들어섰으며 사회 · 역사 · 문화는 새로운 변혁 단계를 맞이하였다. 이 시기의 정치와 사회는 긴 시간 동안의 혼란스러운 국면으로 접어들었고, 다양한 민족과 문화가 깊이 있게 융합되었다. 불교와 도교 또한 이 시기에 중원 대지에서 확장되었다. 위진의 문화는 상대적으로 자유롭고 개방적이며, 사람들은 문장 속에 내함된 사상을 한층 더 중시하여 인간과 문화 자체가 가지는 가치를 연구하고 세계의 본체를 탐구하는 측면으로 기울어졌다. 역학의 연구 또한 역사와 문화의 배경 속에서 새로운 장으로 나아가게 된다.

제 3 장

위진의 역학

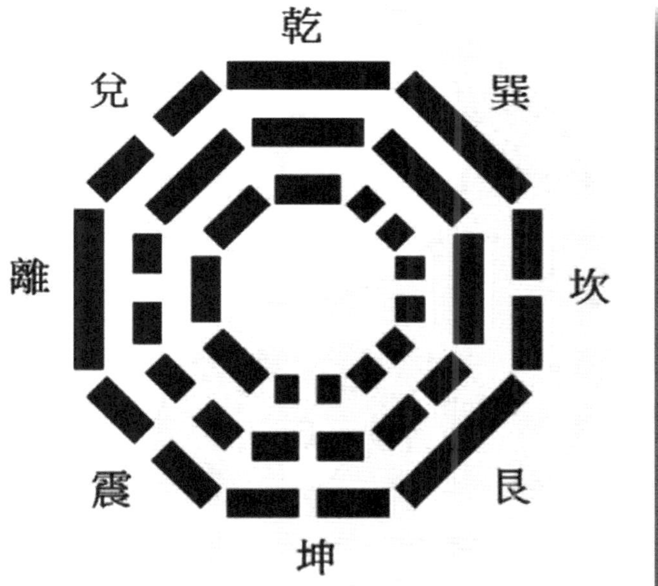

말기에 처한 동한의 왕조는 지평선에 가라앉는 태양과 같이 잠깐동안의 빛을 반짝였다. 제국의 석양 가운데는 조조(曹操)라는 젊은이가 있었는데, 그는 정치와 군사의 측면에서 뛰어난 재능을 펼치며 동한 말기의 세력들 가운데서 가장 강력한 북쪽의 패자로 부상하였다. 생활의 측면에서 조조는 고정된 틀에 얽매이지 않고, 의협심이 강하지만 방탕하였다. 그는 음악과 시를 좋다하였는데, 「관창해(觀滄海)」와 「귀수수(龜雖壽)」는 중국 문학의 명작이라 할 수 있다. 조조는 유표(劉表)가 점령했던 형주 지역을 평정한 후에 일부 형주학파의 학자들을 이끌고 북쪽으로 돌아갔고, 이에 낙양은 한순간에 많은 학자들과 유명인사들이 모이는 장소가 되었으며, "삼조(三曹)"·"건안칠자(建安七子)"를 대표로 하는 건안문학이 형성되었다. 진나라가 통일한 뒤에는 나라가 크게 어려워지며, 끝내 남북조로 분열되는 형국이 이루어지게 된다. 이 시기는 중국의 문화사와 사상사에서 유명한 "위진현학(魏晉玄學)"이 유행하였는데, 역학의 측면에서 많은 업적을 세운 인물은 왕필·관로 등이다. 이들은 모두 시대정신을 이끌던 사람들이었다.

1. 하안의 역학

정치적 포부와 문학적 취미 이외에도 조조는 젊고 아름다운 여자를 좋아하였다. 그는 200년경 몰락한 귀족 하씨(何氏) 집안의 과부를 부인으로 받아들였고, 이 부인의 아들인 하안의 양아버지가 되었다.

하안(何晏, ?~249)은 예닐곱 살 때부터 상당히 총명하였으며, 양아버지 조조의 가르침과 영향 속에서 청년 귀족의 지도자로 급부상하였다. 그는 다양한 문화적 모임·토론회 및 연회 등의 자리에서 풍부한 학식과 숙련된 논변 기술 및 고귀하고 독특한 기질로 많은 사람들을 설득하였다. 나아가 당시에 많은 관심을 받았던 인간의 성(性)과 정(情)·본체로서의 유(有)와 무(無) 및 『주역』·『노자』·『장자』의 여러 문제를 중심으로 "청담(淸談)"이라는 분위기를 형성하였으며, 이를 사회와 문화의 유행 전선으로 힘차게 밀고 나아갔다.

하안의 영향력은 당시의 문화적 흐름을 지향하고 촉진시키는 측면에서 주로 나타나는데, 그의 친구 가운데 비교적 『주역』에 뛰어난 사람으로는 순찬(荀粲)이 있다. 순찬의 집안은 대대로 학문이 깊었으며, 유명한 역학자 순상(荀爽)은 그의 작은 할아버지였다. 하안은 역학의 측면에서도 업적을 남겼는데, 당시 역학의 아홉 가지 난제에 대답함으로써 명성을 얻었다. 역사서는 당시 상수 역학으로 유명했던 관로(管輅)가 하안에 대해 "『주역』으로 아홉 가지 일들을 모두 논하였으니 아홉 가지 일들이 모드 밝아졌다."[1]라고 말했던 사실을 기록하고 있다.

1) 『三國志』, 「管輅傳」, "共論易九事, 九事皆明." [역자주] 원서에서는 출처가 『世說新語』, 「規箴」으로 되어 있는데, 저자가 착각한 것으로 보인다. 본서에서는 『삼국지』, 「관로전」으로 바로잡는다.

2. 관로의 역학

관로(管輅, 209~256)는 자가 공명(公明)이고, 삼국 시기 평원(平原) 지역 사람이다.[2] 역사서에는 관로가 어려서부터 타고난 자질이 총명하며, 해·달·별과 같은 천문 현상을 관찰하기를 좋아하여 "집에서 기르는 닭과 야생의 새들도 천문과 계절을 아는데, 하물며 사람에게서는 어떻겠는가?"[3]라고 말했다고 기록되어 있다. 그는 다른 사람과 이야기할 때마다 식견이 남들보다 뛰어났기 때문에 설령 학식이 있는 사람이라고 해도 그를 난처하게 만들 수는 없었다. 후에 관로는 곽은(郭恩)에게서 『주역』을 배워 점치는 이치에 통달하게 되었고, 다양한 점서와 예측의 기술에도 정통하게 되어 높은 명성을 가지게 되었다. 관로는 다른 사람의 천거를 통해 수도 낙양에서 하안을 만나게 되었고 하안은 관로와 "『주역』의 아홉 가지 일"을 논의하였는데, 하안은 관로를 칭찬하여 "음양에 대한 견해는 세상에 그와 필적할 만한 사람이 없다."[4]라고 하였다. 관로의 역학은 한나라 상수 역학의 전통을 계승하되 점치는 이치에 대한 응용을 강조하고, 다양한 예측 방법을 채택한다. 그에게 있어서 『주역』 속의 의리적인 내용은 인사와 점서에 대한 해설에 불과할 뿐이었다. 한번은 하안이 관로에게 점을 치고 해몽을 부탁하였는데, 관로는 사양하지 않고 분

---

2) 지금의 산동성 평원(平原) 지역이다.

3) 『三國志』, 「管輅傳」, "家鷄野鵠, 猶尙知時, 況於人乎?"

4) 『三國志』, 「管輅傳」, "君論陰陽, 此世無雙."

석하여 하안이 자신의 언행을 신중히 한다면 좋지 않은 일이 발생하는 것을 막을 수 있다고 하였다. 그로부터 십여 일 후, 하안은 사마의(司馬懿)를 중심으로 하는 정적들에 의해 죽음을 맞이하였다.

3. 왕필의 역학

하안은 살아생전 많은 문장과 저작을 지었지만 대부분은 실전되었다. 전해 내려오는 『논어집해(論語集解)』는 당시 "청담을 펼쳤던 친구들"과 함께 편찬한 것으로 이 서적은 후대에 길이 남을 작품이 되었다. 하안 또한 『노자』에 주석을 하였지만 한 천재 소년의 논술을 전해 듣고는 이내 포기하였다. 이 범상치 않은 소년이 바로 왕필이다.

왕필(王弼)은 226년 명망이 두터운 관리의 집안에서 태어났다. 그의 작은 할아버지 왕찬(王粲)은 형주학파의 중요 인물로서 후에 조조를 따라 낙양으로 건너왔으며, 문학계에서 유명한 "건안칠자" 가운데 한 명이다. 왕필이 속한 가문은 만 권의 서적을 소장하고 있을 정도로 고대 중국에서 서적을 소장하는 가문으로 유명하였다. 따라서 그의 집안 대대로 전해 내려오는 학문은 매우 깊을 수밖에 없었다. 형주학파의 저력과 중원 문화의 지식을 가지고서 엄격한 교육을 받은 왕필은 어린 시절부터 빛나는 샛별로 주목을 받았다. 한번은 천하에 명성을 날린 하안이 주관한 청담 모임에서 몇몇 문제에 대한 논쟁이 매우 활발하여 누구도 상대방을 설득시킬 수 없는 지경에 이르자 열여덟 살에 불과했던 왕필이 나섰다. 하안은 그의 친구 배휘(裴徽)로부터 "천재 소년 왕필"이라는 이름을 알고 있었기에 모두가 논쟁하는 문제와 관점을 왕필에게 알려주면서 "나는 모두가 좋은 견해를 제기했다고 생각하는데, 너는 그들을 반박할 수 있겠는가?"[5]라고 물었다. 왕필은 이를 듣자마자 앉아있는 사람들을 향해 질문을 던지는 동시에 자신의 독특하면서도 참신한 관점들을 제시하고 반박과 변론을 번갈아가며 진행하였다. 이와 같이 뛰어난 트론 수준과 재능은 사람들을 매우 감탄하게 만들었고, 많은 사람들은 그의 아름다운 언어와 사상에 심취하게 되었다. 이 사건이 있고 난 이후, 왕필의 재능과 학문은 유명 인사들로부터 인정을 받게 된다. 그렇지만 그는 자신에게 충만한 학문을 다른 사람과의 논쟁에 낭비하지 않았으며, 논변의 과정에서 자극을 받아 우주·사회·인생의 문제에 대한 사고를 한층 더 끌어올렸고, 『노자』·『주역』·『논어』를 주석하고 해석하는 데에 활용하였다.

『노자주(老子注)』는 왕필이 비교적 이른 시기에 완성한 작품이다. 그는 당시 사회적으로 유행했던 도가의 관념과 사상계가 점차 숭상하던 철학적 논쟁이라는 분위기를 받아들였다. 그리하여 도가의 "무를 근본으로 삼는다.(以無爲本)"는 주장으로부터 중국 본체론이라는 철학 체계를 건립하고, 위진 시기에 현학이 발전할 수 있는 기초를 다졌다. 이와 같이 전통에서 탈피한 새로운 이론 형식은 그를 『주역』의 해석 속으로 계속해서 끌고 들어갔으며, 이로부터 파격적인 저작인 『주역주(周易注)』가 완성되었다. 왕필의 역학이 가지는 가장 큰 특징은 『주역』의 철학과 천지만물의 근본을 적극적으로 탐구하는 데에 있다. 그는 양한의 역학이 『주역』을 해석하기 위해 채택한 번잡한 구절과 주석들을 반대하고, 양한의 역학이 『주역』을 해석하기 위해 다양한 취상·호체·괘변·괘기 등을 연역한 것에 대해 반대한다. 왕필의 이

5) 『世說新語』, 「文學」, "此理僕以爲極, 可得復難不?"

러한 작업은 도가의 사상을 『주역』의 심오한 철학과 절묘하게 융합시킴으로써 이 둘을 우주 본체론이라는 광활한 체계 속으로 거두어들인 것이다. 왕필은 자신의 역학적 관점을 더욱 명확히 하기 위해 『주역약례(周易略例)』를 저술하였는데, 그는 여기에서 자신의 독특한 철학적 관점과 역학적 주장을 한층 더 이론적이고 체계적으로 소개하였다. 『주역주』와 『주역약례』는 당시에 가장 영향력 있는 역학 저술이었으며, 그의 유명세가 하안과 어깨를 나란히 하도록 만들었다. 그리하여 왕필은 당시 사회 유명 인사이자 사상계에서 가장 빛나는 인물이 되었고, 왕필과 하안이 개척한 위진의 학풍은 200여 년이 지나도록 독보적인 위치를 차지하게 되었다. 안타까운 것은 하안이 정적에 의해 살해된 정시(正始) 10년(249) 가을에 왕필도 병을 얻어 사망하고 말았는데, 당시 그는 스물네 살이었다.

얼마의 시간이 지난 뒤에 서진 시기의 한강백(韓康伯)이 왕필의 『주역주』에 기초하고, 왕필의 학문을 존중하는 입장에서 「계사전」·「설괘전」·「서괘전」·「잡괘전」 등에 주석을 달았는데, 이로부터 왕필·한강백의 『주역주』는 학계에 널리 퍼지게 된다. 남북조 시기(420~589)의 백여 년 동안 왕필의 역학은 남쪽의 학자들과 조정에 의해 극진히 떠받들어진다. 당나라의 공영달(孔穎達)이 주관하여 『주역정의(周易正義)』를 편찬한 후에 왕필의 역학은 조정으로부터 정통으로 인정받아 절대적인 지위를 차지하게 된다. 하지만 정현·순상·우번으로 대표되는 역학은 분명히 주목을 받았음에도 저서의 대부분이 유실되었으며, 『주역집해(周易集解)』 등의 서적에 일부 보존되어 있을 뿐이다.

제 4 장

수당대의 역학

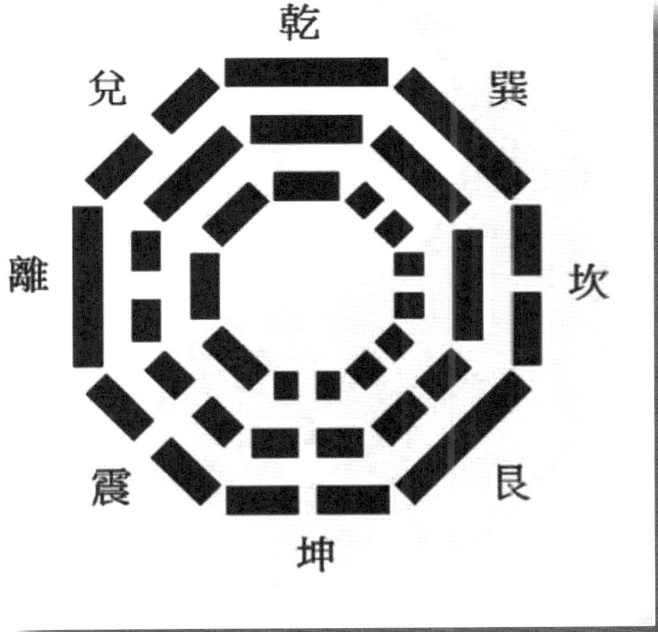

589년 수나라가 건립됨에 따라 중국 역사에서 어지러웠던 남북조 시기는 끝을 맞이하고 수·당의 시기로 접어들게 된다. 역학의 측면에서 남조의 송(宋)·제(齊)·양(梁)·진(陳) 이 네 개의 나라는 모두 왕필의 역학을 중시하였으며, 주홍정(周弘正)·장기(張譏) 등 의리 역학을 계승하는 데에 노력하는 학자들을 양성하였다. 이러한 학자들과 그들의 제자들이 가졌던 역학적 태도는 수나라와 당나라의 역학적 발전에 직접적인 영향을 미쳤다. 수나라와 당나라의 역학이 가지는 가장 큰 특징은 이전 시대의 주소(注疏)를 정리하여 역학의 주소들 가운데서 가장 대표적인 『주역정의』를 편찬했다는 것이다. 또한 역사 속에 흩어진 주석들을 모아서 정리한 이정조(李鼎祚)의 『주역집해(周易集解)』는 한나라의 역학 자료를 보존하는 데에 큰 공을 세웠다.

1. 육덕명과 『경전석문』

육덕명(陸德明, 550~630)은 이름이 원랑(元朗)이고, 소주(蘇州) 오현(吳縣) 지역 사람이다.[1] 그는 처음에 주홍정(周弘正)을 스승으로 모셨으며, 수준 높고 현묘한 사상을 논의하는 데에 두각을 드러내었다. 스무 살이 되던 해에 육덕명은 진나라가 주최한 경전 강학 대회에 참여했는데, 참여한 인원들은 전국에서 모인 유학자들이었으며 경전을 강학하는 사람은 국자좨주(國子祭酒)였던 서극(徐克)이었다. 서극은 자신의 지위가 존귀하다고 여겼고, 어느 누구도 감히 그에게 반박하지 못하였기에 경전의 문장을 설명하는 데에 거리낌이 없었다. 사람들은 서극의 견해에 찬성하지 않았지만 감히 다른 의견을 제기하지 못하였다. 이에 육덕명이 일어나 서극을 향해 다른 의견을 제시하고, 그의 설명이 가지는 문제점을 지적하며 뛰어난 학식과 용기를 보여주었다. 수나라 대업(大業) 시기에 수양제는 경서에 통달한 다양한 지역의 유학자들을 소집하였는데, 육덕명 · 노달(魯達) · 공포(孔褒) 등 당시의 유명한 학자들을 문하성(門下省)으로 불러들였다. 수양제는 그들에게 경서의 문제들에 대해 서로 질문하거나 논쟁하게 하는데, 그 결과 아무도 육덕명을 능가할 수 없었다. 당나라가 건국된 이후, 당고조 이연(李淵)은 국자학의 제전(祭奠)에 친히 참여하

1) 지금의 강소성 소주(蘇州) 부근을 가리킨다.

였는데, 당시 서문원(徐文遠)이 『효경(孝經)』을 강학하였고, 승려 혜승(惠乘)이 『반야경(般若經)』을 강학하였으며, 도사(道士) 유진희(劉進喜)가 『노자』를 강학하였다. 육덕명은 이 세 사람을 향해 문제를 제기하고 토론하였으며, 유가 · 불교 · 도교의 입장과 강령으로부터 자신의 독특한 견해를 나타내자 사람들은 모두 그의 깊은 학식에 감탄하였다. 오늘날 만나볼 수 있는 『경전석문(經典釋文)』은 중국 고대 경서와 전적의 판본 · 문자 · 음운을 연구하는 중요 자료로 인정받고 있는데, 이 서적은 육덕명이 오랜 시간의 노력을 거친 끝에 얻은 학문적 성과이다. 그는 583년부터 다양한 서적을 수집하기 시작하여 한나라와 위나라 및 남북조 시기에 존재하던 230여 종의 경전에 대한 발음을 수집 · 기록하고, 전해 내려오는 다양한 서적의 판본을 고증하여 끝내 의대한 저작을 완성하였다. 이외에도 『노자소(老子疏)』 · 『주역문구의소(周易文句義疏)』 · 『주역문외대의(周易文外大義)』 등을 저술하였지만 안타깝게도 이러한 서적들은 후대에 모두 유실되었다.

2. 공영달과 『주역정의』

육덕명과 같은 시대이거나 약간 늦은 시대의 인물 가운데 가장 영향력 있는 학자는 공영달이다. 공영달(孔穎達, 574~648)은 자가 충원(沖遠)이고 기주(冀州) 형수(衡水) 지역 사람이다.[2] 공영달은 관리의 가정에서 태어났으며, 여덟 살 때에 스승을 따라서 공부하기 시작하여 매일 천여 글자를 낭독하였다. 성인이 된 이후 공영달은 『춘추좌씨전』·정현의 『상서주』·왕필의 『주역주』·『모시』·『예기』 등 유가의 경전과 중요한 주석을 명료하게 이해하였다. 이외에도 그는 산수와 역법에도 능통하였고, 글 짓는 솜씨 또한 뛰어났다. 공영달과 같은 지역의 유작(劉焯)은 유명한 학자로서 공영달이 찾아와 가르침을 구했을 때에 그는 공영달의 수준이 떨어진다고 생각하고 예의를 갖추어 대하지 않았다. 하지만 공영달은 질문을 제기하고 문제를 대답하는 과정에서 예상을 뛰어넘는 재능과 학문을 드러냄으로써 유작과 청중들을 놀라게 만들었다. 수나라가 건국된 이후, 공영달은 명경과(明經科)에 급제하여 하내군박사(河內郡博士)가 되었다. 수양제가 여러 지방의 유학자들을 낙양으로 소집하여 국자감의 비서·학자들과 함께 경학의 문제들을 논쟁하도록 명하였는데, 공영달은 여러 학자들과 설전을 벌이되 상대방의 약점을 지적하고 질문에 대해 적절히 대답함으로써 수석을 차지하였다. 당나라가 건국된 후에 공

2) 지금의 하남성 형수(衡水) 지역을 가리킨다.

영달은 뛰어난 재능과 능력으로 점차 당태종 이세민(李世民)의 신임을 얻게 된다. 한번은 당태종이 공영달에게 "『논어』에서 '재능이 있는 것으로 재능이 없는 것을 가르치고, 지식이 많은 것으로 지식이 적은 것을 가르치며, 있어도 없는 것 같고, 가득 차 있어도 비어있는 것 같다.'라고 하였는데, 무슨 뜻인가?"[3]라고 물었다. 이에 공영달은 "성인이 교화를 시행하는 것은 겸양을 통해 다른 사람을 대하기 때문에 더욱 빛이 납니다. 자신은 재능을 가지고 있더라도 교만하지 않고, 재능이 없는 사람을 향해 자신이 할 수 없는 일에 대해 가르침을 구합니다. 자신의 지식이 많더라도 만족하지 않고, 지식이 적은 사람을 향해 자신이 가지지 못한 지식에 대해 가르침을 구합니다. 다시 말해 지식과 능력이 있는 사람이 오히려 없는 사람에게, 충실한 사람이 오히려 비어있는 사람에게 겸손하고 배우기를 좋아하는 것입니다. 보통 사람만 이렇게 해야 하는 것이 아니라 제왕 또한 마찬가지로 자신의 마음속에 신명(神明)과 지혜를 간직하면서도 바깥으로는 고요하고 무위한 모습을 드러냄으로써 다른 사람들이 예측할 수 없도록 해야 합니다. 따라서 『역경』은 '몽괘(蒙卦)로 올바른 것을 기르고, 명이괘(明夷卦)로 여러 사람을 대한다.'라고 하는 것입니다. 만일 존귀한 지위에 자리한 사람이 총명함을 자랑하고, 힘에 의거하여 다른 사람을 억압하며, 자신의 잘못을 감추고 다른 사람의 조언을 받아들이지 않는다면 윗사람과 아랫사람 사이에 틈이 생기고, 군주와 신하 사이가 등을 돌리게 됩니다. 이것

---

3) 『舊唐書』, 「孔穎達傳」, "論語雲, 以能問於不能, 以多問於寡, 有若無, 實若虛. 何謂也?"

은 예로부터 나라가 망하는 공통된 원인입니다."4)라고 대답하였다. 당태종은 공영달의 대답을 듣고나서 매우 만족하였다. 공영달의 일생에서 가장 찬란했던 시기는 국자좨주를 맡은 때로 각종 제사의 의례를 주관하고, 황제에 의해 태자의 스승으로 임명되었다. 후대에 가장 영향력 있고 유명한 문화적 업적은 그가 안사고(顔師古)·사마재장(司馬才章)·왕공(王恭)·왕염(王琰) 등과 함께 편찬한 『오경정의(五經正義)』이다. 『오경정의』는 『주역정의』·『상서정의』·『모시정의』·『예기정의』·『춘추좌전정의』를 가리킨다.

『주역정의』는 처음에 『주역의찬(周易義贊)』으로 불렸다가 편찬된 이후에 황제의 명에 의해 『주역정의』로 명칭을 바꾸었다. 공영달 등의 편찬자들은 왕필이 『주역주』를 저술한 후에 이것을 숭상한 서적과 논설은 매우 많았지만 대다수는 근거가 없고 피상적이며 잘못 이해한 것이라고 생각하였다. 따라서 그들은 왕필과 한강백의 주석을 저본으로 삼아 정리하고 해석을 덧붙임으로써 유가의 사상을 발전시켜야 한다고 주장하였다. 이 서적이 편찬된 이후, 몇몇 학자들은 일부 내용들이 부적절하다는 점을 제기하였고, 몇 차례의 수정을 거친 뒤에야 완성될 수 있었다. 이 서적이 완성되어 편찬된 뒤에는 조정에 의해 권위를 인정받아 매우 성행하게 되었는데, 『주역』을 해석하는 다른 견해들이 주목을 받지 못할 정도였다. 또한 한때 큰 영향을 미쳤던 정현

4) 『舊唐書』, 「孔穎達傳」, "聖人設教, 欲人謙光. 己雖有能, 不自矜大, 仍就不能之人求訪能事. 己之才藝雖多, 猶以爲少, 仍就寡少之人更求所益. 己之雖有, 其狀若無. 己之雖實, 其容若虛. 非唯匹庶, 帝王之德, 亦當如此. 夫帝王內蘊神明, 外須玄默, 使深不可測, 度不可知. 易稱, 以蒙養正, 以明夷莅衆. 若其位居尊極, 炫耀聰明, 以才淩人, 飾非拒諫, 則上下情隔, 君臣道乖. 自古滅亡, 莫不由此也."

의 학문은 점차 사람들의 기억 속에서 잊혀지게 되었다. 이 서적이 이와 같이 큰 효과를 거둘 수 있었던 까닭은 공영달과 다른 편찬자들이 왕필의 주석을 존중하는 바탕 위에서 화려하고 황당한 부분을 제거하였기 때문이다. 『주역정의』는 한나라와 위진남북조의 여러 역학 이론들이 가지는 장점을 폭넓게 받아들이면서도 왕필의 의리 역학이 가지는 정신을 충분히 나타내는 동시에 그 이론을 창조적으로 해석한다. 따라서 『주역정의』는 사람들로부터 커다란 설득력을 얻을 수 있었다.

3. 이정조와 『주역집해』

공영달의 역학적 공헌과 비교하여 논할 수 있는 것은 이정조(李鼎祚)이다. 이정조는 당현종(唐玄宗)과 당숙종(唐肅宗)의 시기에 살았으며, 자주(資州) 반석(盤石) 지역 사람이다.[5] 이정조와 그의 형제들은 동쪽의 사명산(四明山)에서 서적을 읽는 데에 몰두하였다고 전해지며, 현지 사람들은 그들이 서적을 읽었던 곳을 독서대(讀書台)라고 불렀다. 당현종의 시기에 안사(安史)의 난이 발생하자 이정조는 정부와 황제를 향해 나라를 잘 다스리는 방법과 반란을 평정하는 방법을 언급하였다. 이에 황제는 이정조를 표창하고 관직을 부여하여 자신을 위해 계책을 낼 수 있도록 만들었다. 학문의 측면에서 이정조는 항상 부지런히 탐구하였으며, 혼란한 시대 속에서도 과거에 유실된 서적들을 수집하고 정리하는 것을 잊지 않았다. 특히 그는 이전 시기의 역학에 대해 큰 관심을 기울였으며, 양(梁)나라의 양원제(梁元帝) · 진(陳)나라의 악산(樂産) · 당나라의 여재(呂才)의 서적을 수집하여 『연주명경식경(連珠明鏡式經)』으로 편찬하였는데, 이 서적은 『연주집(連珠集)』으로 불리기도 한다. 이정조는 당대종(唐代宗)의 시기에 『주역집해』을 편찬함으로써 중국의 역학사에서 특수한 지위를 누리게 된다.

『주역집해』는 이정조가 당나라 및 이전 시기의 역학 서적 속에서 적절한 내용들을 수집하여 『주역』의 문장 아랫부분에 덧붙인 것이다. 그리하여 이전 시대의 역학자들이 가졌던 사상들을

---

5) 지금의 사천성 자중(資中) 지역이다.

더욱 빠르고 효율적으로 받아들이게 함으로써 『주역』의 내용을 정확히 이해하도록 만들었는데, 그는 "(이 서적은) 전해 내려오는 문장들 가운데 유명하고, 재능있는 사람들의 말을 수집하여 복희·문왕·공자 이 세 성인의 높고 깊은 사상에 대한 이해를 돕도록 하였다. 우번·순상 등 30여 학파의 해설을 고았으며, 왕필의 유실된 문장을 편입시키고, 정현의 일상(逸象)을 보충하였다. 『주역』의 문장이 가지는 근본과 부합시키기 위해 그들의 다양한 견해를 유형별로 나열하였다."[6]라고 하였다. 통계에 따르면 이정조는 자하·맹희·초연수·경방·마융·정현 등 역학자 삼십여 명의 해석을 사용하였으며, 『구가역(九家易)』·『건착도(乾鑿度)』 등의 서적 역시 인용한다. 각 장과 절의 아래에는 여러 역학자의 해석에 대한 정리·비평 및 자신의 관점을 제기함으로써 매우 높은 역학적 조예를 드러내었다. 이는 당나라 조정의 『주역정의』와는 다른 연구 노선을 대표하는데, 『주역집해』는 당나라 시기에 한나라의 역학을 계승하고 추앙하는 대표적인 서적인 동시에 후대 사람들이 이정조의 역학 사상을 이해하는 직접적인 자료이다. 동한 시기에서부터 당나라 초기까지의 오랜 시간을 거치면서 중국의 역사는 예측하기 어렵게 되었고, 문화는 상당히 열악하게 바뀌었다. 시간이 지날 때마다 귀중한 서적과 역사적 문헌 자료들은 정치·전쟁 등으로 인해 상당 부분이 훼손되었는데, 송나라에 이르게 되면 많은 역학자의 저작들이 사라지게 된다. 따라서 수나라와 당나라 이전 역학자들의 상(象)에 대

6) 『周易集解』, 「周易集解原序」, "採群賢之遺言, 議三聖之幽賾, 集虞翻荀爽三十餘家, 刊輔嗣之野文, 補康成之逸象, 各列名義, 共契玄宗."

한 현대 연구자들의 이해는 대부분 『주역집해』에 근거하거나 일부 단편적인 역사 기록에만 머물러 있을 뿐이다.

당나라는 문화가 매우 번영했던 왕조로 유가 문화 외에도 불교와 도교가 매우 흥성하였다. 불교와 도교는 위진남북조 시대에서 크게 발전하였으며, 한때 당나라를 대표하는 종교가 되어 황제와 귀족들로부터 존경을 받았다. 불교와 역학의 관계는 서로 간에 개념을 차용하는 데에서 시작하여 점차 철학적 · 형이상학적 측면에서 대화하게 되었다. 도교와 역학의 관계는 불교와 역학의 관계보다 더욱 밀접하게 전개되었으며, 한나라의 상수역학은 도교의 연단술 · 천문학 · 양생술 등의 학설에 직접적인 기원과 참고 대상이 되었다. 반대로 도교의 이론이 역학의 발전을 촉진시키는 것 또한 하나의 새로운 경향이 되었는데, 당나라 말기 종리권(鍾離權)과 진단(陳摶) 등은 송나라 역학의 발전에 직접적인 영향을 미쳤다.

제 5 장

송대의 역학

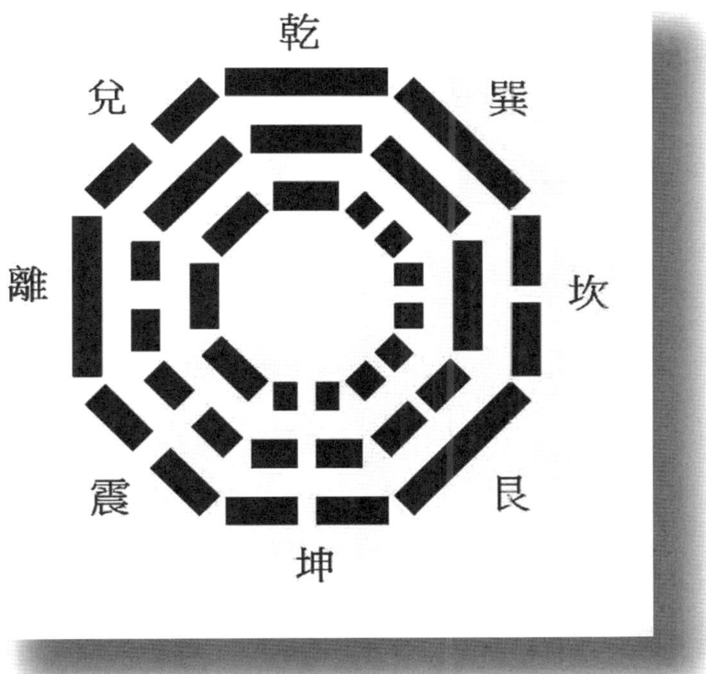

당나라 말기의 정치는 더욱 혼란스러워져 각 지역의 군벌들이 할거하여 중앙의 통제를 받지 않았고, 당나라의 마지막 황제 또한 907년 후량(後梁)의 주온(朱溫)에 의해 폐위되었다. 이로부터 중원 지역은 후량(後梁) · 후당(後唐) · 후진(後晉) · 후한(後漢) · 후주(後周)의 다섯 나라를 거쳤고, 하동 · 강남 · 영남 · 서촉 등의 지역에서 십여 개의 정권이 난립하였다. 역사적으로는 이 시기를 "오대십국(五代十國)"이라고 일컫는다. 후주의 대장 조광윤(趙匡胤)이 960년에 송나라를 건국하면서 분쟁하고 할거하던 국면은 종식되었으며, 경제 · 문화 · 교육 · 과학이 번영하는 황금시대를 맞이하였다. 역학은 송나라의 문화 교육 사업 속에서 빛을 발하는 학문이 되었는데, 이것은 북송의 역학과 남송의 역학이라는 두 시기로 나눌 수 있다. 그 가운데서 북송의 역학은 신학(新學)의 왕안석(王安石) · 온공학(溫公學)의 사마광(司馬光) · 촉학(蜀學)의 소식(蘇軾) · 관학(關學)의 장재 등 중요한 역학자들로 나눌 수 있다. 남송 시기에는 주희가 이정(二程)의 도학을 계승하여 유학을 집대성하였는데, 그의 역학은 여러 학설들을 모두 받아들였기에 도서 역학과 선천 역학 등의 학설들을 흡수하여 남송 역학의 주류가 되었다. 학술과 사상사적으로는 송나라에서 번창하였던 유학을 "이학(理學)"이라고 하는데, "이학 역학"은 송나라의 역학을 구성하는 중요한 부분이다.

1. 진단과 북송 역학의 발단

후당(後唐) 장흥(長興) 시기(930~933)에 진사 시험에 합격하지 못한 한 젊은이가 살았는데, 두 번 다시는 관직을 구하지 않고 자연에 노닐면서 도가의 수련에 전념하였다. 그가 바로 역사적으로 유명한 진단이다.

진단(陳摶, 871~989)은 자가 도남(圖南)이며, 『송사(宋史)』는 그를 박주(亳州) 진원(眞源) 지역 사람이라고 기록하고 있다. 그는 놀라운 기억력을 가지고 있어서 경서 · 역사서 · 제자백가의 문장을 한 번만 읽으면 외울 정도였다. 진단은 『주역』의 연구를 좋아하여 서적을 손에서 놓지 않는 중독 상태에까지 이르렀다. 도술의 수련이 매우 높았을 뿐만 아니라 다른 사람의 생각을 미리 알아채었기에 그의 명성은 날로 높아졌다. 몇 명의 군주들이 진단을 접견하고 그에게 관직을 권하였지만 모두 거절당했다. 진단의 역학은 주로 「계사전」의 "천지의 수는 오십오이다."[1]와 "황하에서 용마의 등에 새겨진 그림이 나왔다."[2]는 주장에 기초하는데, "용도(龍圖)"라는 그림을 제안하고 이것을 "용도역(龍圖易)"이라고 불렀다.

후대의 많은 학자들은 송나라의 몇 가지 중요한 역학적 발전 맥락을 진단에게로 귀결시켰다. 첫째, 진단이 충방(种放)에게 역학을 전수하고, 충방은 목수(穆修)에게 역학을 전수하며, 목수는 주

---

1) 『周易』, 「繫辭上傳」, "天地之數五十有五."

2) 『周易』, 「繫辭上傳」, "河出圖."

돈이에게 역학을 전수하였는데, 주돈이는 정호·정이 형제의 스승이기에 주정(周程)의 학문이 여기에서 비롯되었다는 것이다. 둘째, 진단이 충방에게 역학을 전수하고, 충방은 목수에게 역학을 전수하며, 목수는 이지재(李之才)에게 역학을 전수하고, 이지재는 소옹(邵雍)에게 역학을 전수하여 선천학(先天學)이 시작되었다는 것이다. 셋째, 진단이 충방에게 역학을 전수하고, 충방은 이개(李溉)에게 역학을 전수하며, 이개는 허견(許堅)에게 역학을 전수하고, 허견은 범악창(範諤昌)에게 역학을 전수하며, 범악창은 유목(劉牧)에게 역학을 전수했다는 것으로 이것은 하락학(河洛學)의 유래가 된다. 이러한 역학 전승 계보는 아래와 같이 정리할 수 있다.

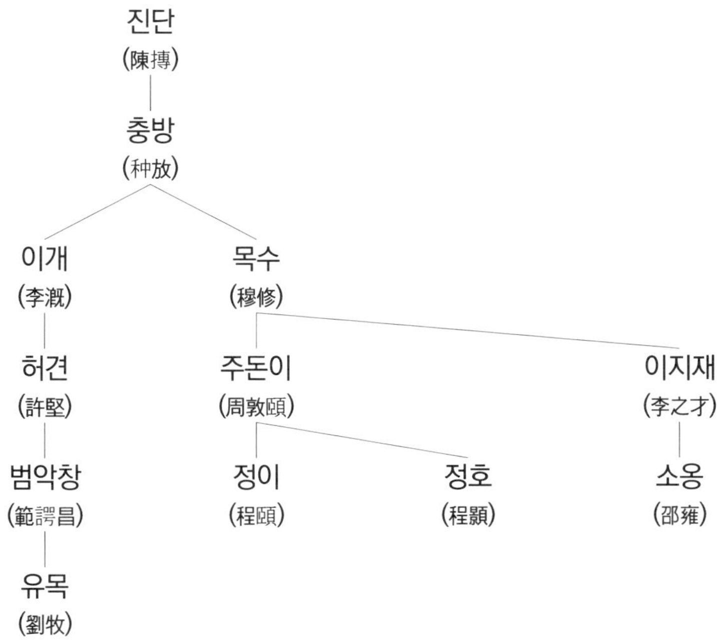

2. 도학의 역학과 북송의 역학

(1) 주돈이와 『태극도설』

주돈이(周敦頤, 1017~1073)는 자가 무숙(茂淑)이고, 북송 시기 도주(道州) 영도(營道) 지역 사람이다.[3] 그의 역학은 『태극도설(太極圖說)』과 『통서(通書)』에서 분명히 나타난다. 『태극도설』은 태극도의 함의를 연역하여 태극이 우주 만물의 본원이라고 간주한다. 그리하여 태극이 움직이면 양기를 낳고 고요해질 때에는 음기를 낳으며, 음양이기가 오행을 낳고 오행이 만물을 낳는다고 생각한다. 『태극도설』은 인간이야말로 만물 가운데 가장 뛰어난 동물로서 우주 만물의 법칙에 기초하여 인류 사회의 법칙을 건립한다고 인식하는데, 이것은 『주역』에 함의된 철학의 가장 위대한 지점이다. 『통서』는 『중용』과 『역전』 등의 서적 속이 가지는 사상들을 뒤섞어 『주역』의 이론과 유가의 사상을 한층 더 명확히 드러낸 것이다. 『태극도설』과 『통서』는 분량이 길지 않지만 송나라 및 후대 학자들에 의해 높이 평가되어 송나라 역학·철학을 개척한 걸작으로 여겨진다. 주돈이는 학문과 덕망이 높았고, 관리로서의 책임감도 강하여 백성들의 추대를 받은 동시에 제자들을 양성하는 데에도 뛰어났다. 그가 남안(南安)에서 관리로 있을 때에 주돈이가 뛰어난 인물이라는 점을 느낀 정호·정이의

3) 지금의 호남성 도현(道縣) 지역이다.

아버지는 학문을 통해 큰 도를 탐구하기 위해 그와 친구를 맺었으며, 두 아들이 주돈이에게서 가르침을 구하도록 하였다. 주돈이는 정호·정이 형제에게 공자·안회가 즐거움을 느낀 부분 및 무엇으로 인해 즐거움을 느꼈는가에 대해 항상 생각할 것을 가르쳤다. 이와 같은 자기주도적 교육은 중국 철학사와 문학사에 매우 중요한 두 인물을 배출하였다.

(2) 정호의 역학

정호(程顥, 1032~1085)는 자가 백순(伯淳)이고, 북송 시기 낙양(洛陽) 지역 사람으로 사람들은 그를 명도선생(明道先生)이라고 불렀다.[4] 정호는 열다섯 살에 동생 정이와 함께 주돈이에게서 배웠는데, 주돈이의 고상한 품성과 도를 궁극으로 삼는 학문적 지향에 매료되었다. 따라서 관직을 얻기 위해 과거 시험에만 몰드하는 공부 방식을 혐오하고 우주의 가장 높은 이치를 추구하는 것을 지향하였다. 그는 다양한 서적을 폭넓게 읽으며, 도가·불가의 학설을 몇 년 동안 연구한 뒤에 "육경(六經)"을 중심으로 하는 유가의 학문이 가장 올바르다고 생각하게 된다.

정호는 세계와 만물은 유기적으로 연결되어 있으며, "천리(天理)"는 우주의 법칙을 압축적으로 요약한 개념이라고 생각한다. 그는 사람·일·물건은 이러한 이(理)를 갖추지 않은 것이 없고, 『주역』은 천리에 대한 서술인 동시에 인사를 집약한 서적이라고 인식한다. 정호의 역학은 그의 철학과 하나로 융합되어 참신한

4) 지금의 하남성 낙양(洛陽) 지역이다.

이해와 해석을 가지고 있다. 하지만 그의 동생 정이와는 달리 정호는 전문적인 역학 서적을 저술하지 않았다.

(3) 정이와 『정씨역전』

정이(程頤, 1033~1107)는 자가 정숙(正淑)으로 사람들은 그를 이천선생(伊川先生)이라 불렀다. 사상의 측면에서 정호와 정이는 모두 그들이 세세하게 체득하고 분명히 나타낸 "천리"를 견지하며, "이(理)"를 가장 높은 범주로 삼는다. 정이는 이란 만사와 만물의 근원으로 이는 "체(體)"이고, 사물은 "용(用)"이라고 여겼다. 사물과 이(理)는 분명하고 은미하며, 용이고 체이며, 형이하와 형이상으로 구분할 수 있지만 그것들은 근본적으로 분리할 수 없고 뒤섞여있다. 여기에서 사람이 태어날 수 있는 것은 모두 이를 품부받았기 때문이다. 이는 완전하면서도 사람들에게 직접적으로 나타날 수 없기 때문에 사람들은 반드시 사물 속의 이를 궁구하여 축적한 뒤에 활연관통(豁然貫通)에 도달해야 한다. 여기에서 정이는 "거경(居敬)"과 "궁리(窮理)"라는 주장을 제기하였다. "거경"은 외적인 용모와 행동이 예의 규범에 들어맞도록 주의를 기울이면서 내면의 여러 욕망들을 스스로 구속해야 한다는 것이고, "궁리"는 지식과 행동의 합일을 강조하는 것으로 만사와 만물의 이치를 점진적으로 연구하는 바탕 위에서 성인의 경지를 목표로 삼아 엄격히 실천하는 것을 의미한다.

「이천선생연보(伊川先生年譜)」에 따르면 어느 해 봄 정이가 황제에게 강학을 하였는데, 강학이 끝난 뒤에 황제가 창밖의 버드

나무를 보고 일어나 나뭇가지를 꺾어 놀았다고 한다. 정이는 황제에게 이 계절은 봄으로 만물이 회복하고 생장하는 시기이니 함부로 나무를 꺾어서는 안 된다고 하였다. 황제를 화나게 만든 흥미로운 이 사건은 정이가 자신의 철학을 고수하는 인물로서 원칙적이고 엄격한 정신을 가진 사상가임을 나타낸다.

정이는 자신의 학문에 대해 매우 자신을 가지고 있었는데, 그는 "역(易)"이란 본질적으로 때에 따라서 변화하는 것이며 변화의 근거는 바로 도(道)라고 생각하였다. 그는 유감스럽게도 공자 이후로는 아무도 『주역』과 성인의 뜻을 읽고 해석하지 못하였기에 하나의 서적을 저술하여 그것을 밝힐 필요가 있다고 여겼다. 이것이 바로 훗날의 『정씨역전(程氏易傳)』이다. 이 서적은 괘효사와 「단전」·「상전」·「문언전」은 해석하지만 「계사전」·「설괘전」·「서괘전」·「잡괘전」은 해석하지 않는다는 특징을 가진다. 『정씨역전』과 다른 단편적인 자료들을 결합해보면 정이의 역학은 크게 네 가지 측면으로 요약할 수 있다.

첫째, 『주역』이 천지와 자연의 가장 분명하면서도 복잡한 변화의 법칙을 나타내지만 이것이 가장 높은 도(道)는 결코 아니라고 생각한다. 음양의 변화는 단지 외형적인 표현에서 드러나는 것일 뿐으로 근본적인 작용을 일으키는 것은 음양의 변화 배후에 자리하는 궁극적인 요소라는 것이다.

둘째, 『주역』의 괘사는 길함과 흉함·사그라들고 자라남·나아감과 물러남·존재함와 망함이라는 이치를 함의하고 있으며, 이러한 이치는 공허한 것이 아니라 실재적이라고 지적한다. 그는 괘효사를 연구함으로써 그 속에 들어있는 변화의 법칙을 파악할 수 있으며, 역학과 역학 서적을 운용하여 점을 쳤던 문제들 또한 자연스레 해결될 것이라고 확신한다.

셋째, 사물의 외적인 측면을 관찰함으로써 내부의 세밀한 이치를 통찰하며, 전체적인 시각에서 이(理)와 사물이 동일한 근원을 가진다는 점을 파악하고 인식한다. 그는 지식에 통달하고 실행에 옮겼다면 『주역』의 문장을 완전히 이해하고 응용한 것이라고 말한다.

넷째, 『정씨역전』은 『주역』의 의리적이고 사상적인 내용에 초점을 맞추고 있으며, 『주역』의 "때에 따라 변화함으로써 도를 따른다."[5]라는 특징에 근거하여 구체적인 괘효에 따라 융통성 있는 해석 방법을 사용함으로써 이전 사람들의 해석 방법을 타파한다.

이상의 네 가지 측면은 정이의 역학이 가지는 중요한 이념과 주장을 전체적으로 요약한 것이다. 『정씨역전』은 북송 시기 의리 역학의 가장 높은 수준을 드러내며, 왕필로 대표되는 의리 역학의 전통을 계승한 동시에 왕필의 도가 역학이 가지는 사상적 내함과 철학적 구조를 전환시켰다. 나아가 『정씨역전』은 북송 시기 신유가의 도학 사상 체계와 해석 양식을 관철하여 송명 시기 유가 역학의 기원을 열었다. 정이는 상수 역학의 일부 방법과 사상을 어느 정도 인정하였지만 그의 주된 관심은 사회와 정치 · 인사 · 도덕과 윤리적인 측면에 있었다. 즉 인문에 대한 관심이 정이의 역학이 가졌던 주된 내용인 것이다. 『정씨역전』은 송나라 시기에 "이"를 가장 높은 범주로 삼아 유가의 천인 ·

5) 『程氏易傳』, 「易傳序」, "隨時變易以從道."

우주 · 도덕 · 성명의 학문을 깊이 있게 연역한 것으로 송나라 이학(理學) 역학을 정립한 주요 저서이다. 정호와 정이는 낙양 지역에서 강학하였기 때문에 그들의 학문은 사람들에 의해 "낙학(洛學)"이라고 불렸다.

정이의 역학이 뛰어난 성과를 거둔 것은 그의 지혜와 노력 외에도 북송 시기 학문과 사상이 풍부했던 역학 연구자들과도 밀접한 관련이 있다. 따라서 정이와 관련된 이야기는 끝나지 않았지만 그의 스승과 친구들이 가졌던 역학 연구에 집중하여 논의를 계속해서 이어나가고자 한다.

(4) 호원 · 손복 · 석개의 역학

정이는 열여덟 살 때에 수도 개봉(開封)에 위치한 태학(太學)에 오게 되었다. 태학은 당시 전국에서 가장 높은 교육기관으로 태학을 주관하는 인물은 천하에 명성이 자자한 호원이었다. 호원(胡瑗, 993~1059)은 자가 익지(翼之)이고, 태주(泰州) 해릉(海陵) 지역 사람이다.[6] 그는 어려서부터 총명하여 일곱 살 때에 뛰어난 문장을 쓸 수 있었고, 열세 살 때에는 유가의 "오경"에 이미 통달하였으며, 항상 자신에게 성현의 품행을 요구하였다. 그는 학문을 위해 태산으로 가서 스승을 모시고 손복 · 석개 등의 사람들과 함께 공부하였다. 그곳에서 호원은 잠자는 것과 밥먹는 것조차도 잊을 정도 매우 열심히 공부하였으며, 10년 동안 한 번도 집으로 돌아가지 않았다. 매번 집에서 보낸 편지 겉봉투에

6) 지금의 강소성 여고(如皐) 지역을 가리킨다.

"평안(平安)"이라는 두 글자가 적혀 있으면 집안의 모든 것이 좋다는 것을 알고 편지를 산속 개울가에 던져버렸다. 이와 같이 행동한 이유는 집안의 구체적인 일을 알게 되면 공부에 집중하려는 의지가 꺾일까 두려웠기 때문이었다. 이후 그는 오중(吳中) 일대에서 사십여 년 동안 사람들을 가르쳤지만 명성을 얻지는 못하였다. 어느 해 조정의 아악(雅樂)을 개정하기 위해 음률에 정통한 인재를 모집하려고 하자 범중엄(范仲淹)은 황제에게 호원을 추천하였다. 당시 호원은 평범한 백성의 신분으로 황제를 친히 접견하였으며, 이후 자신이 가진 재능을 차근차근 드러내어 태학을 주관하는 관직에까지 오를 수 있었다.

호원의 역학은 『주역구의(周易口義)』 속에서 잘 드러난다. 그는 유가의 경학을 드높였고, 왕필의 의리 역학을 연구의 중심으로 삼아야 한다고 주장하였으며, 사람들로부터 송나라 초기의 역학 대가라고 불렸다. 호원의 역학에 대해서는 정이가 제자들에게 "『주역』을 읽으려면 마땅히 먼저 왕필 · 호원 · 왕안석 세 사람의 저서를 읽어야 한다."[7]고 말한 적이 있을 정도였다. 그는 경학의 부흥과 유가의 학문에 큰 공로를 세웠기에 손복 · 석개와 함께 "송나라 초기 세 명의 선생"으로 추앙받게 된다.

손복(孫復, 992~1057)은 자가 명복(明復)이고, 북송 시기 진주(晉州) 평양(平陽) 지역 사람이다.[8] 호원과 함께 태산에서 공부하였으며, 『주역』에 대해서도 깊이 연구하였다.

---

7) 『欽定四庫全書』, 經部一, 易類, 『周易口義』, 「提要」, "易當先讀王弼胡瑗王安石三家." [역자주] 원서에서는 출처가 「與金堂謝湜書」로 되어 있는데, 저자의 오류이다.

8) 지금의 산서성 임분(臨汾) 지역이다.

석개(石介, 1005~1045)는 자가 수도(守道)이고, 북송 시기 연주(兗州) 봉부(奉符) 지역 사람이다.[9] 젊어서부터 손복을 따라 경학을 공부하였는데, 그는 의리를 중심으로 역학을 연구하여 『주역』의 핵심을 파악하고자 노력하였다. 저서로는 『역해(易解)』·『역구의(易口義)』가 있다.

호원·손복·석개 세 사람의 역학이 가지는 공통적인 특징은 한나라 상수 역학의 연구 방법과 도가의 해석 방식을 반대하고, 사회와 정치·도덕과 윤리·역사와 인사의 시각에서 『주역』을 이해해야 한다고 주장하는 것이다. 그들은 역학이란 성인이 천도를 논의하며 사람들의 행위와 활동을 이끄는 학문이라고 생각하는데, 특히 나라를 다스리고 도덕과 윤리를 규정하는 학문이라고 판단한다.

(5) 범중엄과 『역의』

호원·손복 두 사람의 재능을 알아보고 이들에게 큰 도움이 된 사람은 범중엄이다. 범중엄(范仲淹, 989~1052)은 자가 희문(希文)이고, 중국의 유명한 역사 인물이다. 어린 시절 죽을 한 번 끓여서 매 끼니에 나누어 먹었을 정도로 힘들게 공부했던 이야기는 그의 유명한 일화이다. 훗날 『악양루기(岳陽樓記)』라는 천하의 명문장을 지어 천하를 위해 봉사한다는 것을 자신의 임무로 삼는다고 표현함으로써 높은 책임감과 사명감을 나타내었다. 범중엄은 관직에 있는 동안 정치·경제·군사·문화의 개혁을 적극

9) 지금의 산동성 태안(泰安)의 동남쪽 지역이다.

적으로 추진하고 인재를 발굴하였으며, 북송 시기의 정치 · 경제 · 문화의 번영을 촉진시켰다. 따라서 그는 탁월한 정치 · 군사 · 문학적 재능과 박학다식한 학문 및 넓은 포부로 인해 후대 사람들의 추앙을 받았다.

범중엄은 『주역』에 매우 정통하여 『역의(易義)』를 저술하였다. 이 서적은 분량이 짧고 스물일곱 괘의 핵심만을 해석하는데, 괘사와 효사에 대한 구체적인 해석은 하지 않는다. 내용의 측면에서는 철학적인 사상을 밝히고 사회와 정치 및 역사를 논술한 것이 대부분을 차지한다. 그는 역학이란 천 · 지 · 인에 관한 학문으로 "신(神)을 궁구하여 변화를 안다."[10]는 인간이 세계를 이해하고 인식하는 주된 방식이며, 원형이정(元亨利貞)은 인륜과 도덕의 준칙이자 나라를 교화하는 원칙이라고 주장한다. 『역의』를 지은 시기는 비교적 이른데, 『주역』이 가지는 의미에 관심을 기울이고 함의를 밝히는 방법은 범중엄이 추천한 호원을 포함하여 많은 사람들에게 영향을 미쳤다. 범중엄은 호원 이외에도 덕과 재능을 겸비한 사람들을 추천하고 지지하며 양성하였으며, 그 가운데 역학의 측면에서 성취를 이룬 인물로는 손복(孫復) · 이구(李覯) · 유목(劉牧) · 장재(張載) 등을 꼽을 수 있다.

(6) 구양수와 『역동자문』

구양수(歐陽修, 1007~1072)는 자가 영숙(永叔)이고 호는 취옹(醉翁) · 육일거사(六一居士)이며, 길주(吉州) 영풍(永豐) 지역 사람이

10) 『周易』, 「繫辭下傳」, "窮神知化."

다.[11] 그는 북송 시기의 중요한 문학가·역사학자이자 범중엄의 친구이다. 구양수는 중요한 직책을 맡은 적이 있지만 가장 큰 영향을 미친 것은 그가 일으킨 "고문운동(古文運動)"으로 이를 통해 그는 명실상부한 문학계의 지도자가 되었다. 구양수는 "문장으로써 도를 밝힌다.(文以明道)"는 것이 옳다고 생각하여 당시의 문학이 화려하고, 내용이 없으며, 권력자에게 아첨하는 분위기를 반대하고 내용이 충실하면서도 사상적인 성격을 띠는 문장을 지어야 한다고 강조하였다. 이외에도 그는 당시의 역사서의 편찬이 사료를 나열할 뿐, 공자가 『춘추』를 저술할 때에 포폄(褒貶)을 한 것과 같은 비판 정신이 부족하다고 생각하여 『신오대사(新五代史)』를 편찬하였다.

문화에 대한 구양수의 비판 정신은 그가 『주역』을 연구하는 관점에도 영향을 미쳤다. 그의 대표적인 저작인 『역동자문(易童子問)』은 형식의 측면에서 『주역』을 배우는 어린아이와 일문일답(一問一答)하는 방식을 채택하여 『주역』을 해석한다. 구양수는 『주역』이 천지와 만사 만물의 이치를 명백히 밝히는 서적이라고 여겼으며, 핵심은 『주역』이 점치는 서적이 아니라 인간의 행위와 활동에 대해 가르치고 규정한다는 것이다. 그는 『역전』 가운데 「계사전」·「문언전」·「설괘전」·「서괘전」·「잡괘전」 다섯 편은 내용이 서로 모순되고, 문장이 중복되며, 서술이 난잡하다는 등의 문제가 있음을 지적하면서 이 다섯 편은 후대 사람들이 잡다한 자료를 긁어모은 것이라고 생각한다. 비록 이 다섯 편 속에서는 공자의 말을 인용하는 경우가 많지만 공자 본인이 저술한

11) 지금의 강서성 길안(吉安) 부근을 가리킨다.

것이 아니기 때문에 문장의 진위 여부를 분명히 구별해야 한다는 것이다. 구양수는 공자가 『역전』을 저술하지 않았다고 의심하였는데, 이것은 이전 시기의 역학자들이 자각하지 못한 부분을 지적한 것이라고 할 수 있다. 이와 같은 구양수의 견해는 당시는 물론이고 후대에 『역전』의 저자를 둘러싸고 수많은 논쟁을 불러일으켰다. 문학의 측면에서 구양수는 "문장으로써 도를 밝힌다."를 주장하였고, 역사학의 측면에서는 비판 정신을 강조하였으며, 경학의 측면에서는 대담하게도 옛것을 의심하였다. 그의 이러한 태도는 북송 시기의 문화가 가졌던 정신적 · 사상적 · 비판적 경향과 요구를 뚜렷이 나타낸 것이다.

(7) 소식과 『동파역전』

소식(蘇軾, 1037~1101)은 자가 자첨(子瞻)이고 호는 동파거사(東坡居士)이며, 미주(眉州) 미산(眉山) 지역 사람이다.[12] 그는 북송 시기의 유명한 학자이자 문학가로 시사문부(詩詞文賦) · 서예 · 회화에 정통하였으며, 역학에 대해서도 상당히 중시하고 많은 연구를 하였다. 역사적으로 전해 내려오는 『동파역전(東坡易傳)』은 동파(東坡)라는 이름이 붙었지만 실제로는 소식이 아버지인 소순(蘇洵)의 유작을 이어받아 완성한 것이다. 나아가 어떤 부분에서는 아버지인 소순과 동생인 소철(蘇轍), 그리고 소식 세 사람이 함께 토론한 내용도 등장한다. 따라서 『동파역전(東坡易傳)』은 삼소역학(三蘇易學)을 집성한 저서라고 말할 수 있다.

---

12) 지금의 사천성 미산(眉山) 지역이다.

『동파역전』은 세 가지의 분명한 특징을 가지고 있다.

첫째, 소식 부자 세 사람은 모두 당시의 유명한 문인·학자이며, 역학은 집안 대대로 전해 내려오는 학문으로서 비교적 넓은 연구 시야와 이론을 가지고 있다. 예를 들어 역학의 이론으로 문학적 현상·역사적 사건을 토론하는 경우가 많은데, 이것은 『동파역전』의 독특한 점이다.

둘째, 『동파역전』은 유가의 사상과 내용을 포함하고 있을 뿐만 아니라 동시에 불교의 사상을 하나로 융합함으로써 문화적 소통·유교와 불교의 융합이라는 특색을 가지고 있다.

셋째, 『동파역전』은 역사적으로 왕필의 역학에 가까운 역학 저서로 인식되지만 실질적으로 『동파역전』의 이론은 인사·역사·정치 등의 내용을 토론한 것이 더욱 많다. 따라서 『동파역전』을 획일적으로 이해해서는 안 된다.

북송 시기의 학술에 대해 말하자면 삼소역학은 "촉학(蜀學)"을 대표하며, 유가·불교·도가 세 학문이 회통하는 사상적 특징과 문화적 주장을 가지고 있다. 삼소역학은 당시 정호·정이의 "낙학(洛學)", 왕안석의 "신학(新學)" 및 사마광의 학문과 함께 한 시대를 풍미하였으며 깊은 영향을 미쳤다.

(8) 사마광과 『온공역설』

사마광(司馬光, 1019~1086)은 자가 군실(君實)이고, 섬주(陝州) 하현(夏縣) 지역 사람이다.[13] 그는 역사학과 역학에 뛰어났으며,

13) 지금의 산서성 하현(夏縣) 지역이다.

『온공역설(溫公易說)』을 저술하였다.

사마광은 의리를 통해 『주역』을 연구해야 한다고 주장하였으며, 왕필이 노자와 장자로 대표되는 도가 사상으로 『주역』을 해석하는 것이 『주역』의 본래 취지에 어긋나는 것이라고 주장하였다. 그는 양웅 등의 사람들로부터 영향을 받았기에 "허(虛)"를 만물의 근원으로 삼았으며, 『잠허(潛虛)』를 저술하였다. 사마광 및 그 후학들은 후대 사람들에 의해 "온공학파(溫公學派)"로 일컬어진다.

역학의 측면에서 호원과 함께 유명했던 왕안석(王安石, 1021~1086)은 사마광과 정치적으로 대립하던 인물인 동시에 문학의 권위자였다. 왕안석은 오행설을 사용하여 우주와 만물의 생성과 변화를 해석하고자 시도하였다. 그가 『주역』을 연구하는 방법은 의리를 중심으로 삼고 상수 역학을 반대하는 것이었으며, 『주역』의 문자를 그대로 해석하는 경우가 많았다. 저서로는 『역해(易解)』가 있지만 아쉽게도 이 서적은 더 이상 전해 내려오지 않는다. 왕안석의 학문은 사람들로부터 "신학(新學)"이라고 추앙을 받았다.

(9) 장재와 『횡거역설』

장재(張載, 1020~1077)는 북송 시기 장안(長安)에서 태어났으며,[14] 섬서성 봉상미현(鳳翔郿縣) 횡거진(橫渠鎭)에 거주하였기 때문에 사람들은 그를 "횡거선생"이라고 추앙하였고, 그의 학문을 "관학(關學)"이라고 불렀다.

장재는 북송의 수도에서 호랑이 가죽으로 만든 자리를 깔고

14) 지금의 섬서성 서안(西安) 지역이다.

앉아 사람들에게 『역경』을 강학하였는데, 그의 해설을 듣는 사람이 매우 많았다. 어느 날 저녁, 정호·정이가 강학하는 곳에 찾아와 장재와 함께 『역경』을 토론하게 된다. 이튿날 장재는 강학을 자리를 치우고 강학을 중단하며, 사람들에게 "최근 이정(二程) 형제를 만나보니 『주역』에 대한 그들의 이해가 매우 깊어 내가 도달하지 못한 곳에까지 이르렀다. 너희들은 이정 형제를 스승으로 모시고 계속해서 공부를 하라."[15]라고 하였다. 이 일이 있은 후에 장재는 항상 이정과 학문을 토론하였고, 정부의 관직을 담당하면서도 공부를 게을리하지 않으며, 때로는 한밤중에 일어나 계속해서 생각하고 공부하며 촛불 아래에서 저술을 이어나갔다. 마침내 장재는 각고의 노력을 거친 끝에 관중(關中) 일대의 유명한 유학자가 되었으며, "천지를 위해 마음을 세우고, 백성을 위해 명(命)을 세우며, 옛 성인을 위해 학문을 이어받고, 만세(萬世)를 위해 태평함을 연다."[16]로 요약되는 잠언은 그의 학문과 인생이 추구하는 목표를 대표하는 것인 동시에 고금을 관통하는 명언이 되었다. 『횡거역설(橫渠易說)』은 장재가 『주역』을 해석한 저서로 그는 이 속에서 우주가 무형의 기로 가득 차 있는 실체이며, 천지와 만물은 모두 기가 모이고 흩어져서 변화하여 이루어진 것이라고 생각하는 등 우주와 인생의 철학을 탐구한다.

위에서 논술한 호원·사마광·왕안석은 모두 역학의 측면에서 탁월한 업적을 남긴 학자들로서 그들의 학문적 관점·정치적

15) 『宋史』, 「張載傳」, "二程深明易道, 吾所不及, 汝輩可師之." [역자주] 원서에서는 출처가 『張載集』, 「橫渠先生行狀」로 되어 있는데, 『宋史』, 「張載傳」으로 출처를 바로잡는다.

16) 『張載集』, 「張子語錄」, "爲天地立志, 爲生民立道, 爲去聖繼絶學, 爲萬世開太平."

경향은 조금씩 다를지라도 모두 정호와 정이를 높이 평가한다. 이들의 역학은 이정 형제의 학문이 추구하는 것과 마찬가지로 상수 역학의 번잡함을 반대하고 『주역』의 철학과 천 · 지 · 인의 법칙을 탐구할 것을 주장한다. 호원은 왕필의 의리 역학을 주장하는 기초 위에서 왕필 역학의 본질이 노자 · 장자 및 도가 사상이기에 『주역』의 해석이 "천리"를 위주로 하는 유가의 학문 구조 속으로 되돌아와야 한다고 지적하였다.

3. 소옹과 선천 역학

이정 형제 · 사마광과 함께 낙양에 거주한 또 다른 학자가 있다. 그는 주돈이 · 정호 · 정이 · 장재와 서로 영향을 주고받았으며 사람들에 의해 "북송오자(北宋五子)"로 불렸는데, 그가 바로 소옹이다.

소옹(邵雍, 1011~1077)는 자가 요부(堯夫)이고, 그의 선조는 범양(范陽) 지역 사람으로 후에 홍성(洪城) 지역으로 이주하였다.[17] 역사서에 따르면 소옹은 어려서부터 높은 이상을 가지고 있었으며 장래에 큰 업적을 이루기를 꿈꾸었다고 한다. 하지만 자라서는 관직에 뜻을 두지 않고 농사를 지으며 살았고, 자신의 주거지를 "안락와(安樂窩)"라고 이름붙였다. 소옹은 서적이라면 읽지 않은 것이 없었고 학문에 각별히 열중하였는데, 어느 날 황하(黃河) · 분수(汾水)를 건너서 회수(淮水) · 한강(汉江) 일대를 돌아다니며 춘추전국 시기의 제(齊) · 노(魯) · 송(宋) · 정(鄭) 등 나라의 유적지를 오랫동안 살펴본 뒤에 "모든 학문이 나에게 있다."[18]라고 하며 더 이상 유람하지 않았다. 역학자 이지재(李之才)는 공성현령(共城縣令)으로 소옹이 학문을 좋아한다는 말을 듣고 소옹의 숙소를 찾아갔다. 소옹이 여러 서적에 정통하다는 말을 들은 그는 "당신은 천지와 물리의 측면에 대한 지식을 공부한 적이 있는

---

17) 범양은 지금의 하북성 탁주(涿州) 지역이고, 홍성은 지금의 하남성 휘현(輝縣) 일대를 가리킨다.

18) 『宋史』, 「邵雍傳」, "道在是矣."

가? 도덕과 성명의 학문에 대해 들어본 적이 있는가?"[19]라고 물었다. 이에 소옹은 "저는 당신의 가르침을 듣고 싶습니다."[20]라고 대답하였고, 그리하여 이지재로부터 『주역』을 배우게 되었다.

이지재는 자가 정지(挺之)이고 북송 시기 청주(青州) 지역 사람이다.[21] 그는 목수(穆修)를 스승으로 모시고 상수 역학을 배웠으며, 『주역』을 연구하고 「단전」을 이해하는 근본이 "괘변(卦變)"에 있다고 여겼다. 저서로는 『변괘반대도(變卦反對圖)』와 『육십사괘상생도(六十四卦相生圖)』가 있다.

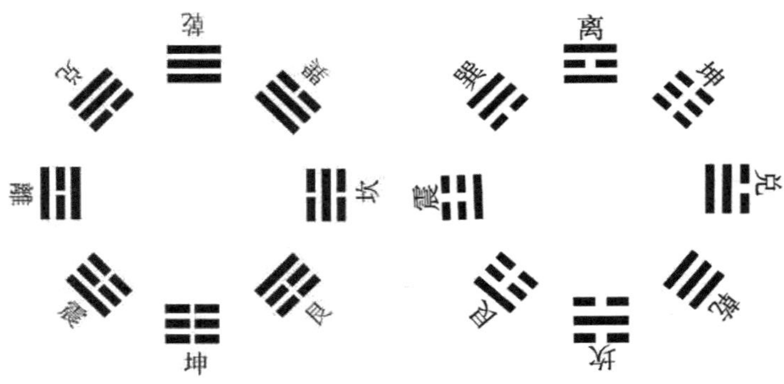

선천팔괘도와 후천팔괘도

소옹은 이지재의 교육 속에서 깨달음을 얻고, 천지의 운행과 변화 · 음양이기의 증가와 감소 · 옛날에서부터 현재에 이르기까지의 사회적 변화 및 사물의 기질과 특징 · 변화와 발전 등 수많

19) 『宋史』, 「邵雍傳」, "子亦聞物理性命之學乎?"

20) 『宋史』, 「邵雍傳」, "幸受教."

21) 지금의 산동성 익도(益都) 지역이다.

은 이치에 통달하였다. 나아가 계산과 예측에 능숙하였는데, 역학과 관련 있는 저서로는 『황극경세서(皇極經世書)』 등이 있다.

소옹은 중국 고대 역학사의 전설적인 인물로서 그의 역학이 가지는 가장 큰 특징은 우주와 역사의 이론을 하나로 융합하는 계보와 도식을 구축했다는 것이다. 소옹의 역학은 웅대하면서도 우주를 포괄하는데, 크게 네 가지 범주로 요약할 수 있다. 첫째는 선천 역학이다. 선천 역학의 근거는 팔괘의 선천도(先天圖)로 진단에게서 전수받았다고 한다. 이를 통해 소옹은 태극이 우주의 본체이며, 천지의 시작이라고 생각한다. 둘째는 후천 역학이고, 셋째는 "합일연만(合一衍萬)"이라는 우주 법칙이며, 넷째는 "원회운세(元會運世)"라는 역사의 계보이다.

소옹의 역학은 송나라 시기에 매우 큰 영향을 미쳤으며, 후대에도 깊은 영향을 미쳤다. 대학자인 주희는 소옹의 역학 체계·개념 및 방법을 흡수하여 이학 역학과 결합하였다. 남송 시기의 주원승(朱元升)·장행성(張行成)·왕식(王湜) 등은 모두 소옹의 역학을 전문적으로 연구했던 학자들이다.

4. 도서 역학

진단의 후학들 가운데서 가장 유명하고 영향력이 있었던 인물은 유목이다. 유목(劉牧, 1011~1064)는 자가 장민(長民) 혹은 선지(先之)이고, 북송 시기 팽성(彭城) 지역 사람이다.[22] 유목은 진단의 삼전제자(三傳弟子) 범악창(範諤昌)을 스승으로 모시면서 진단의 "용도역설(龍圖易說)"을 바탕으로 『주역』, 「계사전」과 구궁도(九宮圖) · 오행설(五行說) 등의 내용을 결합하여 "하도(河圖)"와 "낙서(洛書)"라는 두 가지 역학 도식을 정리하였다. 그는 이 두 역학 도식이 대연지수 오십과 서로 부합할 뿐만 아니라 하도의 수에서 다섯을 빼면 은미하여 드러나지 않는 것이 되고 낙서의 수에서 다섯을 더하면 숨어서 사용하지 않는 것이 된다고 생각하였다. 유목의 역학은 하도와 낙서를 해석하고 계산하는 것을 주된 내용으로 삼기 때문에 "하락의 학문"이라고 불렸다. 그는 『신주주역(新注周易)』 · 『괘덕통론(卦德通論)』 · 『주역선유유론구사(周易先儒遺論九事)』 · 『역수구은도(易數鉤隱圖)』 등을 저술하였다.

유목의 역학은 당시에 비교적 명성을 얻었지만 이구는 그의 관점에 동의하지 않았다. 이구(李覯, 1009~1059)의 자는 태백(泰伯)이고, 북송 시기 건창군(建昌郡) 남성(南城) 지역 사람이다.[23] 그는 공부를 마친 뒤에 다른 사람들을 가르치며 살았는데, 제자들이 수백여 명이 이르렀다. 후에 범중엄의 추천으로 태학조교(太

22) 지금의 강소성 동산(銅山) 지역을 의미한다.
23) 지금의 강서성 남성(南城) 지역이다.

學助教)·태학설서(太學說書) 등의 관직에 임명되었다. 이그는 역학의 연구 내용이란 의리를 밝히는 것이라고 주장하였으며, 신선과 방술·점서와 민간요법·도참과 오행·귀신과 미신 등을 반대하였다. 그는 또한 『역론(易論)』을 저술하여 유목의 잘못을 비판하였는데, 『산정역도서론(刪定易圖序論)』에서는 유목의 『역수구은도』가 비슷한 내용이 반복되며 실질적인 내용은 하도·낙서·팔괘에 불과할 뿐이라고 지적하였다.

5. 이정 제자들의 역학

중국문화의 사상사·교육사적인 측면에서 정호·정이 형제와 같이 고상하면서도 다른 사람들의 표준이 되는 인물은 극소수에 불과하다. 이정(二程) 형제의 문인들과 후대에 미친 영향를 따지자면 깊고 넓기에 역사적인 지위는 아마도 공자와 맹자 바로 뒤에 자리할 것이다.

(1) 이정 문하의 네 선생과 윤돈의 역학

정호와 정이의 학문은 그들이 살아있을 때에 세상에 알려져 당시 많은 학자들의 추앙과 인정을 받았다. 훗날 정이는 정치적인 타격을 받기도 하였지만 그의 학설은 끊이지 않고 전승되었는데, 이것은 사량좌·양시·유초·여대림으로 대표되는 "이정 문하의 네 선생"과 윤돈 등과 같이 우수한 제자들 덕분이었다.

사량좌(謝良佐, 1050~1103)는 자가 현도(顯道)이고, 북송 시기 상채(上蔡) 지역 사람이다.[24] 그는 정호와 정이를 스승으로 모셨으며, 이정의 사상을 계승하면서도 독창적인 학문을 전개하였다. 하지만 별도의 역학 저술은 없으며, 역학적 문제에 대한 관점과 견해는 『상채선생어록(上蔡先生語錄)』 속에 흩어져 있다.

양시(楊時, 1053~1135)는 자가 행가(行可)·중립(中立)이며, 북송

24) 지금의 하남성 여남(汝南) 지역이다.

시기 남검(南劍) 장악(將樂) 지역 사람이다.[25] 그는 정호 · 정이의 학문에 심혈을 기울여 공부하였으며, 스승의 사상을 전파하고자 노력하였다. 정이는 늙어서도 『정씨역전』을 끊임없이 수정하였으나 살아생전에 완성하여 간행하지 못하였다. 양시는 스승의 저서들 가운데서 문제가 있는 부분을 정리하여 『정씨역전』을 교정한 후에 널리 퍼트렸다. 양시는 『역설(易說)』을 저술하였지만 지금은 유실되었다. 그의 또 다른 공로는 이정의 학문을 복건성 일대에 전파하여 "민학(閩學)"의 기원을 열었다는 것이다.

유초(遊酢, 1071~1142)는 자가 정부(定夫)이고, 북송 시기 복건 건양(建陽) 사람이다.[26] 그는 이정 형제에게 학문을 배웠으며, 저서로는 『역설(易說)』이 있다.

여대림(呂大臨, 1046~1092)는 자가 여숙(與叔)이고, 섬서 남전(藍田) 지역 사람이다. 그는 젊은 시절에 장재를 스승으로 모셨다가 후에 이정의 문하로 들어오게 되었다. 여대림은 많은 저서를 저술하였는데, 그 가운데 역학 저서로는 『역장구(易章句)』와 『대역도상전(大易圖象傳)』이 있다.

윤돈(尹焞, 1071~1142)는 자가 언명(彥明) · 덕충(德充)이며, 하남 낙양(洛陽) 지역 사람이다. 그는 정이가 늙은 뒤에 얻은 제자로 스승의 사상을 크게 드높였으며, 정이의 역학을 매우 숭상하여 『정씨역전』을 읽는 것만으로도 정이의 학문을 이해할 수 있다고 생각하였다.

정리하자면 이정 문하의 네 선생과 윤돈은 정이의 역학 저서

---

25) 지금의 복건성에 속한다.

26) 지금의 복건성 건양(建陽) 지역이다.

를 정리하거나 정이의 사상에 근거하여 주장을 펼치거나 저서를 저술하였으며, 동시에 자신의 제자들과 다른 학자들에게 지속적인 영향을 미쳤다. 여기에서부터 주진(朱震)·곽옹(郭雍)·항안세(項安世)·양만리(楊萬里) 등과 같이 한층 더 분명한 역학 전문 연구자들이 출현하기 시작한다.

(2) 주진과 『한상역전』

주진(朱震, 1072~1138)은 자가 자발(子發)로 학자들은 그를 한상선생(漢上先生)이라고 불렀는데, 남송 시기 형문군(荊門軍) 지역 사람이다.[27] 그는 이정 문하의 네 선생 가운데 사량좌·양시·유초와 친분이 두터웠으며 호안국(胡安國)과도 친하였는데, 정이의 사숙제자(私淑弟子)라고 말할 수 있다.

주진은 경학에 조예가 깊었으며, 특히 역학에 정통하였다. 그는 『정씨역전』을 근본으로 삼고 소옹과 장재의 이론을 취합하였으며, 위로는 한나라·위나라·진나라의 학설을 수집하고 아래로는 당나라·송나라의 학문을 채집함으로써 여러 학자들의 장점을 정리한 역학자였다. 방법론의 측면에서 그는 『주역』을 해석할 때에 상수 역학을 근본으로 삼으면서도 정이·장재 등이 강조하는 의리 역학을 사용하였는데, 송나라 역학 가운데서도 독보적이었다. 나아가 주진은 역학사에도 큰 관심을 기울였는데, 그는 상수 역학의 시각에서 역사적 자료들을 정리함으로써 한나라와 당나라 이후의 학파 및 송나라의 역학적 발전에 대해

27) 지금의 호북성 형문(荊門) 지역이다.

체계적으로 논의하였다. 따라서 그의 역학은 후대 한나라 역학 및 도서학파의 연구에 있어서 중요한 의미를 가진다. 주진의 저서로는 『한상역전(漢上易傳)』·『주역괘도(周易卦圖)』·『주역총설(周易叢說)』 등 다양한 역학 저작이 있다.

(3) 양만리와 『성재역전』

양만리(楊萬里, 1127~1206)은 자가 연수(延秀)이고, 호는 성재(誠齋)로 남송 시기 길주(吉州) 길수(吉水) 지역 사람이다.[28] 그는 시를 잘 지었기에 우무(尤袤)·범성대(範成大)·육유(陸遊)와 함께 명성이 드높았다. 역사서에서는 이들을 "남송사대가(南宋四大家)"[29]라고 부른다.

양만리는 『주역』에 대해서도 수준 높은 이해를 드러내었으며, 20년 동안의 노력을 들여 『성재역전(誠齋易傳)』을 저술하고 "사학역(史學易)"이라는 연구 방법의 터전을 닦았다. 그의 역학은 후대 사람들에 의해 "사학 역학"이라고 일컬어진다. 하지만 그의 역학은 기본적으로 의리 역학에 속하기에 괘효상과 괘효사 등을 해석하는 측면에서 『정씨역전』의 체계에 근거하며, 도서 역학을 언급하지 않는다. 『성재역전』이 『주역』을 논술하고 해설할 때에 가지는 가장 큰 특징은 역사를 인용하여 문장을 증명한다는 것으로 이 서적은 역사적 사건과 역사적 자료를 사용하여 『주역』

28) 지금의 강서성 길안(吉安) 지역이다.

29) [역자주] 저자는 "남송사가(南宋四家)"라고 기술하였지만 "남송사가"는 남송 시기 산수화가 이당(李唐)·유송년(劉宋年)·마원(馬遠)·하규(夏珪) 네 사람을 가리킨다. 따라서 "남송사대가(南宋四大家)"로 정정한다.

의 괘효사 및 그 속에 포함된 이치를 해석한다. 그는 『주역』이란 인사가 가지는 변화의 법칙을 말하는 서적이며, 『주역』을 공부하는 목적은 인사의 득과 실 · 사회의 혼란과 평화 속에 내재된 법칙을 파악하는 데에 있기에 이(理) · 심(心) · 천도(天道) 등은 중요한 것이 아니라고 생각하였다. 그의 관점은 상당히 뛰어난 것으로 평가받았으며, 당시 학자들이 『주역』을 가지고 공허한 담론을 펼쳤던 분위기를 어느 정도 바로잡았다. 그의 역학 저술은 한때 유명세를 떨쳤는데, 송나라 시기에는 『정씨역전』과 하나로 묶여 전파되었으며 사람들은 이것을 『정양역전(程楊易傳)』이라고 하였다.

6. 주희와 남송의 역학

1126년 정강의 변으로 인해 금나라가 북송의 수도인 변경(汴京)을 함락시켰다. 이에 따라 사회는 불안해졌고 북송 중기의 번성했던 문화는 저물어갔으며, 역사는 다음장으로 넘어가게 된다. 1127년 남송(南宋)이 건국되고 수도를 절강(浙江) 임안(臨安)으로 천도하게 된다. 남송은 남쪽 지역을 다스리는 데에 심혈을 기울임으로써 북쪽 금나라의 침입에 맞서기 시작하였다. 1129년에서부터 남송이 멸망할 때까지는 정치가 성장하지 못하고, 내란이 지속되었으며, 군사적으로도 실패하였다. 하지만 이 시기에는 강남 지역의 경제가 발전되고, 해외와의 교역이 빈번하게 됨에 따라 문화의 발전은 또 다른 번영기에 접어들게 된다. 역학의 연구 또한 주희가 구축한 완전한 이학적 구조를 따라서 주희의 시대로 들어서게 된다.

(1) 주희의 역학

주희(朱熹, 1130~1200)는 자가 원회(元晦)이고, 남검주(南劍州) 우계(尤溪)에서 태어났다.[30] 그는 어려서부터 아버지 주송(朱松)의 가르침으로 유학을 공부하였지만 불교에 대해서도 많은 관심을 가지고 있었다. 훗날에는 유면지(劉勉之) · 유자휘(劉子翬) · 호헌(胡

30) 지금의 복건성 우계(尤溪)이다.

憲)을 스승으로 모시고 배움을 이어나갔다. 이 세 사람은 모두 정이의 역학을 추앙하였으며, 경전과 역사의 측면에서 주희를 엄격하게 가르쳤다. 주희에게는 중요한 영향을 끼친 또 다른 두 명의 스승이 있다. 하나는 이통(李侗)이고, 다른 하나는 호굉(胡宏)이다.[31] 그들의 학문은 강조하는 지점이 서로 다르지만 모두 이정으로 대표되는 이학 사상을 계승하고 전개한다는 공통점이 있다. 주희는 이정과 그 제자들의 학술 및 사상을 발전시켰으며, 당시에 상당한 영향력을 미쳤던 장재의 관학(關學)·소옹의 선천학(先天學)·사마광의 학문을 통합하고 혁신하였다. 그리하여 마침내 자신만의 방대한 사상체계를 형성하였으며, 그가 활동하던 당시와 후대에 막대한 영향을 미쳤다.

주희는 "이(理)"에 관한 이정의 사상을 이어나가며, "이"를 형이상학적인 근본 존재로 삼았다. 그는 모든 객관 사물의 표상에서부터 인사에 이르기까지 모두를 "이"에 기초하여 이해하였으며, 장재가 존중하는 "기"라고 할지라도 "이"보다는 부차적인 위치에 놓았다. 이와 만사 만물의 관계는 주희의 "이일분수(理一分殊)"라는 명제 속에서 집중적으로 드러난다. 즉 사람과 사물 등은 다양하고 서로 다르지만 모두 하나의 기본적이고 추상적인 이(理)를 존재의 근거로 삼는다는 것이다. 하지만 이를 내재하고 있는 구체적인 사물들은 오히려 다양한 모습을 나타내며, 각각의 사물들은 구별될 수 있다.

31) 이통(李侗)은 나종언(羅從彦)을 스승으로 모셨고, 나종언은 양시(楊時)를 스승으로 모셨으며, 양시는 이정을 스승으로 모셨다. 한편 호굉(胡宏)은 호안국(胡安國)을 스승으로 모셨고, 호안국은 사량좌(謝良佐)를 스승으로 모셨으며, 사량좌는 정이(程頤)를 스승으로 모셨다.

사람의 본성에 대해서도 이와 비슷하게 말한다. 인간의 마음은 사유의식을 가지고 있는데, 그것이 발동되지 않은 중화의 상태가 성(性)이며, 희(喜)·노(奴)·애(哀)·락(樂) 등 구체적으로 표현하면 정(情)이 된다는 것이다. 주희는 마음이 어지럽지 않고 정에 얽매이지 않으면서도 평화로운 상태를 유지하기 위해서는 내면을 항상 경계하도록 만들고, 전일한 상태로 수렴시킴으로써 밝은 마음을 유지하고 성(性)을 함양해야 한다고 지적한다.

주희는 정이의 "격물궁리(格物窮理)" 사상을 계승하여 가장 높은 이(理)는 추상적이라고 생각한다. 그는 사람은 지각과 인지 능력을 가지고 있으며, 사람과 구체적인 사물 및 그 사이의 관계에 대해 연구함으로써 궁극적으로는 활연관통의 상태에 도달할 수 있다고 확신한다. 따라서 주희는 인식적인 측면에서 결과를 얻은 후에야 사람이 행위 활동을 전개하고 적극적으로 실행에 옮길 수 있다고 주장한다. 사람의 지각과 의식이 내면에서 도덕적 이치를 찾는다는 각도로부터 말하자면 도심(道心)이고, "존천리(存天理)"이지만 외재적인 욕망에서부터 출발한다면 악의적인 결과를 초래할 위험이 있기 때문에 "멸인욕(滅人欲)", 다시 말해 욕망의 방해를 제거해야 한다는 것이다.

주희는 『주역본의(周易本義)』·『역학계몽(易學啓蒙)』·『주역참동계고이(周易參同契考異)』·『주문공역설(朱文公易說)』·『태극도설해(太極圖說解)』·『태극통서해(太極通書解)』 등 다양한 저서를 저술하였다. 그는 다양한 역학의 사상·방법을 흡수하고, 이를 철학적인 측면에서 통합·창조하였으며, 태극을 가장 높은 범주로 삼는 역학 체계를 확립하였다.

주희는 역사적인 각도로부터 복희(伏羲) · 문왕(文王) · 주공(周公) · 공자(孔子)의 역학을 변증법적으로 보아야 한다고 주장한다. 주희가 보기에 그들은 괘를 그리고, 괘효사를 지었으며, 『역전』을 저술하였기에 서로 다른 내용을 가지고 있고 역학적인 공헌 또한 다르지만 괘를 그리고, 괘효사를 지으며, 『역전』을 저술한 것은 모두 역학적 이치를 나타낸 것이자 내재적 일치성을 가지고 있다는 것이다. 이와 같은 일치성은 주희가 『주역』의 기능을 바라보는 시각에서도 분명히 드러난다. 그는 『주역』이 본래 점치는 서적이었다는 점을 인정하였으며, 이러한 모습을 복원하는 것이 『주역』을 올바로 해석하는 전제인 동시에 이성적 인식과 사상적 이해에 도움이 된다고 생각한다. 『주역본의』는 이러한 바탕에서 『주역』이 가지고 있던 본래의 의미를 밝힌 저서이다.

주희는 『주역』에 대한 이해를 극대화시키기 위해 정이의 의리 역학을 고집하면서도 상수 역학의 내용을 적극적으로 흡수하였다. 특히 주돈이의 『태극도설』 · 소옹의 선천 역학 · 하도낙서의 역학을 하나로 융합하여 역학의 가장 높은 범주는 태극이라고 생각하였다. 나아가 음양 · 팔괘 · 하도 · 낙서라는 다양한 연역 형식은 천지와 사물의 법칙에 대한 모방과 재현이라고 여겼다. 따라서 주희는 『역학계몽』 속에서 상수에 대한 이해를 전문적이면서도 집중적으로 나타낸다. 그가 선택한 방법은 정이의 역학이 상수 역학을 과도하게 배척한 것을 바로잡은 것이며, 의리의 시각에서 『주역』을 견강부회하고 근거 없는 억측을 펼치는 것에 대해 반전을 일으킨 것이다.

주희의 역학과 이학 사상은 동일한 체계를 가진 구조이다. 『주역』에 대한 주희의 해석과 이해는 이학적 사고 구조에서 벗어나지 않을 뿐만 아니라 자신의 학문적 배경·특징 및 정신에 얽매여 있다. 다른 한편으로 『주역』은 "사서(四書)" 및 다른 유가의 경전과는 달리 중국의 고전 학술 체계에서 상당히 중요한 지위를 차지하고 있다. 역학은 우주의 존재 형식·운행 모형·내재적 관계에 대한 지식과 구조 및 인간과 인간이 처한 환경에 대한 깊이 있는 이해를 포함한다. 따라서 주희는 자신의 이학적 관점을 증명하고, 사상적 내용을 강화하기 위해서는 필연적으로 역학을 선택할 수밖에 없었다. 나아가 주희의 학문과 생각 또한 역학이라는 학문적 배경에서부터 자유로울 수 없었는데, 그는 처음부터 역학의 형식과 합리적인 내용을 받아들이고 자발적으로 사용하였다.

(2) 주희 제자들의 역학

주희의 학술과 사상은 살아생전 많은 학자들로부터 인정받고 추앙받았으며, 그의 밑에서 공부한 제자들도 매우 많아 대략 오백여 명에 이르렀다. 주희는 항상 제자들과 대면하거나 편지를 통해 역학의 문제를 토론하였고 이학과 역학의 결합을 추진하였는데, 이러한 분위기를 따라서 이학 역학은 역학 연구의 주류가 되었다.

채원정(蔡元定, 1135~1198)은 자가 계통(季通)으로 사람들은 그를 서산선생(西山先生)이라고 불렀으며, 남송 시기 건주(建州) 건양(建陽) 지역 사람이다.[32] 그는 주희를 몇십 년 동안 스승으로 모

32) 지금의 복건성 건양(建陽) 지역이다.

시고 가르침을 구하였다. 채원정은 학문이 깊고 넓었기에 주희와 학술적인 문제를 자주 토론하였으며, 주희를 도와 『역학계몽』·『주역본의』 등 많은 저술들을 편찬하였다. 역학은 채원정의 가문이 대대로 연구하던 학문으로 그는 상수 역학에 뛰어났는데, 하도·낙서 및 소옹의 역학을 추론하는 데에 식견을 가지고 있었다. 이후 주희의 의리 역학에 감탄하여 주희의 가르침 속에서 이학·의리 역학과 상수 역학에 대한 연구를 적극적으로 실시하여 주희의 역학과 이학 역학의 영향을 확대시켰다. 이외에도 채원정은 소옹의 『황극경세』·양웅의 『태현』·사마광의 『잠허』에 대해서도 수준 높은 관점을 가지고 있었으며, 『황극경세지요(皇極經世指要)』·『태현잠허지요(太玄潛虛指要)』를 저술하였다.

채연과 채침은 아버지 채원정을 따라서 『주역』을 연구하였는데, 그들의 역학은 원나라 역학 연구의 직접적인 시작이 되었다.

채연(蔡淵, 1156~1236)은 자가 백정(伯靜)이고, 채원정의 큰아들이다. 그는 주희를 스승으로 모시고 역학 연구에 매진하였으며, 『주역경전훈해(周易經傳訓解)』·『역상의언(易象意言)』·『괘효사지(卦爻辭旨)』·『대전역설(大傳易說)』·『상수여론(象數餘論)』·『고역엽운(古易葉韻)』 등을 저술하였다. 채연의 역학은 의리를 밝히는 측면에서 주희의 관점을 따르는 경우가 많으며, 상수 역학에도 조예가 깊어 주희가 언급하지 않은 부분 혹은 정확하지 않은 부분을 보완할 수 있다.

채침(蔡沈, 1167~1230)은 자가 중묵(仲默)으로 사람들은 그를 구봉선생(九峰先生)이라고 불렀고, 채원정의 셋째 아들이다. 역학적인 측면에서는 채원정과 주희의 상수 역학을 계승하였고, 소옹의 선천학을 이용하여 『상서』, 「홍범」을 해석하였다. 그리하여 "하우낙기(河偶洛奇)"를 주장하고, 낙서가 가지는 특징을 「홍범」의 "구주(九疇)"와 연결시킴으로써 「홍범」의 숫자를 추론하는 방법을 고안하였다. 「홍범」에 대한 채침의 이해는 후대 사람들이 『상서』, 「홍범」을 연구하는 데에 깊은 영향을 미쳤다. 채침의 역학 저서로는 『홍범황극(洪範皇極)』·『채구봉서법(蔡九峰筮法)』이 있다.

진순(陳淳, 1154~1218)은 자가 안경(安卿)으로 사람들은 그를 북계선생(北溪先生)이라고 불렀으며, 남송 시기 장주(漳州) 용계(龍溪) 지역 사람이다.33) 그는 주희를 스승으로 모셨으며 의리적인 시각에서 경학과 문자학을 관통하였고, 『주역강의(周易講義)』를 저술하였다. 진순은 『주역』 속의 의리적인 내용을 중시하였는데, 특히 주희의 태극설이 역학의 측면에서 가지는 지위를 높게 평가하였다. 그는 태극이란 끝없이 퍼져있으면서도 근본과 말단·시작과 끝을 관통하는 최고의 범주라고 간주하였다.

주희의 재전제자들 가운데는 여대규(呂大圭)·동해(董楷)·황진(黃震) 등과 같이 주희의 역학을 숭상하면서도 창의적으로 운용하는 사람들이 많았다. 그들의 역학은 대부분 주희의 역학에 근거하는 것으로 비록 독창성은 떨어지지만 역학 연구의 중요한 경향이 되었다. 즉 정이와 주희 사이의 틈을 메우기 위해 이 두 사람의 역학을 종합적으로 연구한 것이다. 이러한 측면에서 비교적 철저히 연구한 인물은 바로 동해이다.

동해(董楷, 1226~?)는 자가 정숙(正叔)·정옹(正翁)이고, 남송 시기 태주(台州) 임해(臨海) 지역 사람이다. 그는 주희의 제자인 진기

33) 지금의 복건성 용해(龍海) 지역을 가리킨다.

지(陳器之)에게 가르침을 구하였으며, 역학 연구의 측면에서는 정이와 주희를 추앙하여 정이와 주희의 역학 사상을 하나로 융합할 것을 주장하였다. 따라서 그는 『주역본의』의 내용을 분할하여 『정씨역전』의 뒷부분에 덧붙인 뒤에 정이와 주희의 다른 역학적 관점들을 수집하여 『주역전의부록(周易傳義附錄)』을 편찬하였다. 이와 같은 방법은 학자들의 역학 연구에 편의를 주었으나 후대 학자들에 의해 주희의 『주역본의』을 분할한 장본인이라고 엄격한 비판을 받게 된다. 그러나 동해의 방법은 정이와 주희를 소통시킴으로써 역학의 측면에서 두 사람의 차이를 없애고 유학의 통일성을 지키고자 한 것이다. 다른 한편으로는 주희 이후의 학자들이 정이의 역학을 소홀히 하거나 비방하는 태도를 바로잡고자 표현한 것이기도 하다.

7. 남송의 또 다른 역학자들

남송 시기에는 주희의 민학(閩學)과 어깨를 나란히 하는 많은 학파들이 존재하였다. 그들은 주희의 학파와 빈번히 교류하면서 심도 있는 토론을 펼쳤는데, 역학의 연구에 있어서도 뚜렷한 특징을 가지고 있기에 남송 시기의 역학 연구를 풍부하고도 활발하게 발전시켰다. 여기에는 장식을 대표로 하는 호상학파(湖湘學派)의 역학·여조겸을 대표로 하는 고역오가(古易五家)·육구연과 양간을 대표로 하는 심학 역학·설계선과 섭적을 대표로 하는 영가학파(永嘉學派)의 역학 및 독특한 특색을 지니는 도교 역학을 포함한다.

(1) 장식의 역학

장식(張栻, 1133~1180)은 자가 경부(敬夫)·낙재(樂齋)로 사람들은 그를 남헌선생(南軒先生)이라고 불렀으며, 남송 시기 한주(漢州) 면죽(綿竹) 지역 사람이다. 장식은 호굉을 스승으로 모셨으며 학문적으로는 주돈이와 정이를 대표로 하는 이학을 추앙하고, 호상학파를 대표하는 인물이 되었다. 장식은 주희의 절친한 친구로서 두 사람은 항상 서신을 통해 역학을 비롯한 여러 학문적 문제들을 토론하였다. 장식은 "태극"에 관한 주돈이의 논술을 발전시켜 태극을 가장 높은 철학적 범주로 삼았다. 그는 태극이 천지의 사이를 유행하며 고금을 관통하고 음양이기의 운동을 촉진시킴으로써 만물이 이루어지며, 따라서 태극이 인간과 만물의 근본이라고 여겼다. 장식의 저서로는 『남헌역설(南軒易說)』이 있는데, 그의 역학은 순수하게 유가의 학문적 시야와 입장을 통해 『주역』을 해석하고 불교·도교·도가의 학문을 배척한다는 특징을 가진다. 장식·주희·여조겸은 "동남삼현(東南三賢)"이라고 칭송받았다.

(2) 여조겸의 역학

여조겸(呂祖謙, 1137~1181)은 자가 백공(伯恭)이고 사람들은 그를 동래선생(東萊先生)이라고 일컬으며, 남송 시기 무주(婺州) 지역 사람이다.[34] 그는 어려서부터 집안의 학문을 이어받는 동시에 당시의 유명한 학자들과 친밀하게 교류하였는데, 특히 주희와의 관계가 매우 깊었다. 여조겸은 경학과 역사학을 모두 연구하였고, 역학의 측면에서도 역사학의 관념을 받아들여 『주역』의 본래 모습을 회복하고자 노력함으로써 송나라의 "고역오가(古易五家)" 가운데 하나가 되었다. 여조겸은 조열지(晁說之)의 학문을 바탕으로 『주역』의 순서를 상경·하경·「단상전(彖上傳)」·「단하전(彖下傳)」·「상상전(象上傳)」·「상하전(象下傳)」·「계사상전(繫辭上傳)」·「계사하전(繫辭下傳)」·「문언전」·「설괘전」·「서괘전」·「잡괘전」으로 정하였다. 이와 같은 순서는 주희로부터 인정을 받았으며, 『주역본의』의 저본이 되었다. 나아가 여조겸은 『주역』에 대한

---

34) 지금의 절강성 금화(金華) 지역이다.

역사적인 음훈 자료들을 수집하여 『고역음훈(古易音訓)』을 편찬하였다. 그의 역학 사상은 『동래역설(東萊易說)』과 『독역기문(讀易紀聞)』에 집중되어 있는데, 주된 특징은 진부량(陳傅良) · 섭적(葉適) 등 영가학파의 경세치용 사상을 흡수하고, 사람들에게 실질적인 도움이 될 수 있도록 역학과 역사학 · 현실 문제를 결합하여 종합적으로 서술한다는 것이다. 여조겸은 주희와는 달리 육구연(陸九淵)의 "심학" 사상에 어느 정도 찬성하여 사람의 마음과 역학적 이치가 분리될 수 없을 뿐만 아니라 마음 바깥에 도가 없고, 도 바깥에 마음이 없다고 생각하였다.

(3) 육구연과 양간의 심학 역학

남송 시기 유가의 학문 가운데서 주희의 이학 역학과는 학문적으로 대척을 이룬 것은 육구연의 심학 역학이다. 주희가 살아 있을 때에 두 학파는 격렬한 논쟁을 펼쳤는데, 육구연의 심학은 주도적인 지위를 차지하지는 못했지만 창의적인 견해를 선보임으로써 역학사에 새로운 내용과 분위기를 불어넣었다.

육구연(陸九淵, 1139~1193)은 자가 자정(子靜)이고 사람들은 그를 상산선생(象山先生)으로 불렀으며, 남송 시기 무주(撫州) 금계(金溪) 지역 사람이다. 육구연과 그의 형 육구소(陸九韶) · 육구령(陸九齡)을 하나로 묶어서 "삼육(三陸)"이라고 부르기도 한다. 육구연은 가문의 학문을 스스로 계승하였으며, 정호와 정이로부터 큰 영향을 받았다. 하지만 주희의 이학과는 다른 "심학(心學)"의 노선을 개척하였고, 후대 사람들은 이 두 사람을 합하여 "주륙의 학-

문(朱陸之學)"이라고 일컫게 된다. 육구연은 "마음"이 우주의 본원이라고 주장하였으며, 우주가 바로 나의 마음이고 나의 마음이 곧 우주라고 생각하였다. 다시 말해 마음이 인식과 실천 활동의 근본이라는 것이다. 이를 바탕으로 그는 성인의 마음이 『주역』의 근원이며, 역학적 이치는 사람의 마음과 동일한 기원을 가진다고 지적하였다. 그는 『주역』이 마음을 보존하고 이치를 밝히며 성인의 마음과 학문을 표현한 서적이라고 여겼으며, 상수 역학의 방법으로 『주역』을 해석하는 데에 동의하지 않았다. 양간의 활동으로부터 육구연의 심학 역학은 점차 체계화되었고, 역학을 연구하는 데에 있어 중요한 학파가 되었다.

양간(楊簡, 1141~1226)은 자가 경중(敬仲)으로 사람들은 그를 자호선생(慈湖先生)이라고 불렀으며, 남송 시기 자계(慈溪) 지역 사람이다.[35] 그는 학식이 깊고 넓었으며, 후에 육구연과 스승이자 친구로서 친밀한 관계를 유지하였다. 양간은 정이 역학과 육구연의 심학을 종합하여 "사람의 마음이 도(道)이다."라는 관점을 제기하고, 심학의 기본 관념을 사용하여 『주역』을 해석하면서 육구연의 역학이 단편적이고 철저하지 못한 점을 보완하였다. 양간이 저술한 『양씨역전(楊氏易傳)』·『기역(己易)』·『역학계폐(易學啓蔽)』는 심학 역학의 기초적인 저작으로서 심학 역학의 해석 체계를 드러내고 있다.

양간의 뒤를 이어 심학의 입장에서 『주역』을 해석한 것으로는 왕종전(王宗傳)의 『동계역전(童溪易傳)』이 있다. 이 서적은 천지의 변화가 만물을 창조하는 것처럼 사람의 마음은 영묘(靈妙)한

35) 지금의 절강성 자계(慈溪) 지역을 가리킨다.

작용을 가지고 있으며, 심도 있는 이치는 역학 속에 모두 갖추어져 있기에 사람의 마음을 선하게 하고, 천도에 부합하기만 한다면 역학이 나타내는 이치를 따르는 것이라고 생각한다. 왕종전의 역학은 육구연·양간의 심학 역학과는 약간 다른데, 한편으로는 상수 역학과 다른 역학자들의 사상을 반대하고 다른 한편으로는 역학자들의 관점을 폭넓게 인용하여 심학의 기본적인 이념과는 어느 정도 위배된다. 근본적으로 말하자면 이 시기에 심학의 발전은 한계를 맞이하게 된다. 명나라의 양명학파가 일어난 뒤에야 심학은 성숙해질 수 있었고 심학 역학은 빛을 발할 수 있게 되었다.

(4) 영가학파의 역학

설계선(薛季宣, 1134~1173)은 자가 사룡(士龍)이고, 남송 시기 영가(永嘉) 지역 사람이다.[36] 그는 『고문주역(古文周易)』·『하도낙서변(河圖洛書辨)』을 저술하였으며, 역학 속의 "변통(變通)" 사상을 중시하였다. 설계선은 변통 사상을 정치적 이념과 결합하여 정치 개혁을 위한 이론적 논거로 삼았으며, 하도와 낙서는 고대의 지도로서 천지의 운동을 촉진하는 보물이자 후대 도서 역학의 연구에 큰 영향을 미쳤다고 생각한다. 그는 정이의 제자 원개(袁溉)를 스승으로 삼아 가르침을 구하였기에 당연히 이학의 영향을 받았다. 하지만 쓸데없이 의리와 성명의 문제를 말하는 것에 대해서는 반대하였으며, 경세치용과 실제적인 효과를 중시하였다.

36) 지금의 절강성 온주(溫州) 지역이다.

이러한 학문적 노선은 제자 진부량(陳傅良)을 거쳐 섭적(葉適)에게까지 전해졌으며 남송 시기 유명한 "영가학파(永嘉學派)"를 이루게 된다.

섭적(葉適, 1150~1223)은 자가 정칙(正則)으로 사람들은 그를 수심선생(水心先生)이라고 불렀으며, 남송 시기 온주(溫州) 영가(永嘉) 지역 사람이다. 그는 『역전』의 저자 문제에 대한 구양수의 의혹에 동의하였으며, 「단전」과 「상전」을 제외하고는 모두 공자가 지은 것이 아니라고 생각하였다. 그의 역학 연구는 의리와 고증을 중시하는 특징을 가진다. 섭적은 역사적인 사실과 현실적인 각도에서부터 복희 · 문왕 · 공자가 『주역』을 저술했다는 주장에 동의하지 않았다. 특히 그는 『주역』을 점치는 서적으로 간주하는 것에 반대하였고, 역학적 이치가 국가의 정치와 개인의 수양을 인도한다는 점을 강조하였다. 섭적은 학문이 깊었기에 철학 · 역사학 · 문학 · 정치 이론 등의 측면에서 수많은 저서를 남겼으며, "영가학파"의 집대성자가 되었다.

8. 도교의 역학

유가는 『주역』을 자신들의 경전이라고 여겼지만 『주역』의 실제적인 지위는 그렇지 않아서 중국의 고전 학문 전체에서 중요한 위치를 차지한다. 도가와 도교는 나름대로의 역학적 연구를 시도하였으며, 그 역사 또한 매우 오래되었다. 이들의 역학 연구 가운데 가장 뚜렷한 예는 송나라의 진단(陳摶)으로 그는 화산(華山) 지역에서 은거하여 몇 년 동안 도사로 활동하였다. 주돈이의 역학 또한 도가와 도교의 사상을 받아들이는 지점이 적지 않다. 따라서 도교의 역학은 역학 연구사의 중요한 구성 요소라고 할 수 있다.

학대통(郝大通, 1149~1212)는 이름이 린(璘)이고, 자는 태고(太古)이며, 호는 염연자(恬然子)이다. 스스로를 태고도인(太古道人)이라고 일컬었고, 법명은 대통(大通)이다. 그는 남송 정권과 대립하는 금나라에서 살았던 인물로 전진교(全眞敎)의 창시자인 왕중양(王重陽)을 스승으로 모셨다. 학대통은 『주역』에 정통하여 도교에 입문한 이후, 역학 이론과 도교 이론의 융합과 회통을 매우 중시하여 도교 역학의 체계를 건립하였다. 그의 저서 『태고집(太古集)』은 『주역참동계간요(周易參同契簡要)』, 『석의(釋義)』 및 서른세 종류의 역학 도식 및 해석으로 이루어져 있다. 학대통의 도교 역학은 두 가지의 주된 특징을 가진다. 첫째는 역학천도론(易學天道論)이다. 그는 도교 우주론과 역학 우주론을 결합하여 우주의 기원·천지와 만물의 생성과 운행 법칙을 탐구하고, 도교의 수련법과 연단술에 충분한 이론적 근거를 제공하였다. 둘째는 『주역참동계』의 이론 노선을 이어받아 역학과 단도(丹道)의 이론을 강조하고, 천도론에 바탕하여 연단술이 천지의 활동을 본받는 것임을 밝힌 것이다. 이와 같은 사상의 특징은 유·불·도 삼교(三教)의 심성 이론을 흡수하여 내단(內丹)을 수련할 때에 심법(心法)에 주의를 기울여야 한다고 주장한 데에 있다. 즉 심성을 수련하고 천도를 관통하는 진성(眞性)을 얻어 성과 명을 함께 수련함으로써 수명을 연장하는 데에 핵심이 있다는 것이다. 학대통은 전진교에서 역학 이론에 대한 이해가 가장 높은 도사로서 그의 역학 사상은 도교의 교의를 더욱 확대하였으며, 도교의 역학이 발전하는 데에 크게 이바지하였다.

하원정(夏元鼎, 1181~?) 또한 도교의 학자로서 그는 도교의 경전인 『음부경(陰符經)』과 『주역』을 결합하여 그 내용을 종합적으로 서술하고, 『음부경강의(陰符經講義)』를 편찬하였다. 그는 『주역』의 괘·효·사상·내단의 수련이 내재적으로 연결되어 있으며, 역학과 도가의 양생 사상이 밀접한 관련이 있다고 생각하였다. 그리하여 도교의 역학을 이론적 바탕으로 하는 천도론·연단법 등을 서술하였다. 하원정의 역학은 송나라의 도서 역학 이론을 적극적으로 참고하여 선천설·후천설을 수련의 시기와 상태에 대응시켰다는 특징을 가진다. 또한 음양이기가 서로 분리되면서도 떨어지지 않는 관계를 응용하여 내단을 수련하는 방법에 대해 논의하기도 하였다.

뇌사제(雷思齊, 1231~1303)는 송나라 말기에서 원나라 초기에 살았던 도교학자이다. 그는 도교 이론에 대한 학식이 깊었기에 여러 곳을 돌아다니며 강학하였고 오징(吳澄) 등과 같은 유학자들과도 밀접한 관련이 있었다. 그가 지은 『역도통변(易圖通變)』과 『역서통변(易筮通變)』은 송나라 도서 역학에 대해 논증하고 정리한 서적으로 점서의 이론과 방법에 대해 상세한 연구를 시도하였다. 뇌사제는 당시 도서 역학에 대한 견해가 일치되지 않았다고 생각하였으며, 진단에서부터 시작하여 유목(劉牧) · 이구(李覯) · 정대창(程大昌) · 주희(朱熹) · 채원정(蔡元定) 부자 및 남송 말기까지의 도서 역학을 연구 및 정리함으로써 도서 역학의 진정한 국적에 대해 탐구하였다. 그의 공헌은 역사 문헌으로부터 도서 역학의 발전 맥락을 객관적으로 분석하고, 다양한 학자들의 도서 역학 사상을 변별하고 비판하여 후대 도서 역학의 연구에 모범이 되었다는 점에 있다. 뇌사제는 도교 학자로서 유가와 도교를 적극적으로 회통하고 실질적으로 공적을 쌓기도 하였는데, 도교 역학 가운데 상수 역학을 대표하는 인물이었다.

유염(兪琰, 1258~1314)은 자가 옥오(玉吾)로 사람들은 그를 석간선생(石澗先生)이라고 불렀으며, 남송 시기 오군(吳郡) 지역 사람이다.[37] 그는 송나라와 원나라 교체기에 활동하던 중요한 역학자로 그의 주된 학문적 특징은 유가과 도교의 회통과 도교의 내단 학설이다. 유염은 정이와 주희의 역학을 추앙하였으며, 그가 저술한 『주역집설(周易集說)』 · 『주역참동계발휘(周易參同契發揮)』 · 『석의(釋疑)』 등은 주희로부터 큰 영향을 받았다. 역학사의 측면에서 유염은 비교적 중요한 영향을 미쳤는데, 그의 역학은 아래와 같이 몇 가지 특징을 가진다.

---

37) 지금의 강소성 소주(蘇州) 지역이다.

첫째, 유가의 역학 가운데 정주(程朱)의 역학이 가지는 사상적 성과를 적절하게 흡수하였다. 그는 『주역』을 해석하는 관점이 비교적 질박하면서도 핵심과도 부합하여 유가·도가·도교의 이론을 회통하는 데에 큰 도움을 주었다.

둘째, 하도와 낙서·도서 역학을 배척하였다. 그는 『주역』 속에 하도와 낙서에 대한 설명이 뚜렷이 서술되지 않았기에 하도와 낙서는 성인과 관련이 없으며 한나라 유학자들의 억측으로 인한 결과라고 여겼다. 그는 후대에 연역되어 나타난 도서 역학 또한 견강부회하는 내용이 많다고 생각하였기 때문에 부정적인 태도를 견지하였다.

셋째, 그는 정이처럼 괘효사를 통해 괘를 연구하는 방법에 동의하지 않았으며, 역학 속의 의리는 역상(易象)에 대한 연구와 떨어질 수 없다고 이해한다. 그렇지 않으면 의리와 괘효사가 합리적인 것처럼 보일지라도 실제로는 『주역』의 본래 뜻과는 어긋날 수밖에 없다고 파악한다. 나아가 그는 괘변설 등과 같은 상수 역학의 몇몇 관점에 대해서도 동의하지 않았으며, 주희가 훗날 도서 역학을 언급한 것은 도서학과 상수 역학이 독단에 빠지게 만들었다고 간주한다. 이것은 유염이 주희를 존중하지만 여기에 얽매이지 않는다는 점을 나타내는데, 당시 주희를 추앙하는 학자들 가운데서는 보기 드문 행위이다.

넷째, 유염은 인체에 대한 도교의 인식과 수양 이론에 근거하여 음양이기가 왕래한다는 측면에서 인체와 자연계가 일치한다고 여겼다. 그리하여 도교의 내단 학설과 역학의 선천도를 결합하고, 인체의 상(象)을 통해 도가의 내단 학설을 해석하였으며,

신체의 호흡과 운동 법칙을 조절하는 양생 이론을 확립하였다.

도교의 역학은 송나라 시기에 크게 발전하였는데, 주된 특징은 다른 학파들의 사상과 관점을 적극적으로 융합할 수 있다는 것이다. 도교 학자들은 다른 학파들의 견해를 선별하면서도 자신의 학설과 유기적으로 융합하여 새로운 도교 사상을 탄생시켰다. 이러한 태도는 스스로의 학문적 축적에 도움이 될 뿐만 아니라 역학의 발전을 크게 촉진시켰다.

제 6 장

원명대의 역학

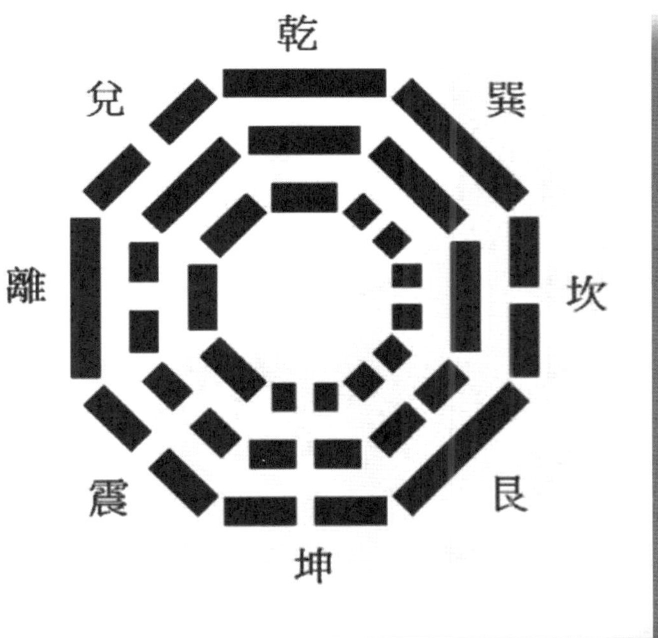

원나라(1271~1368)는 중국 역사와 세계 역사에서 가장 빛나는 시기이다. 1271년 원세조(元世祖) 쿠빌라이는 『역전』의 "위대하도다, 건원이여."[1]를 차용하여 나라의 이름을 대원(大元)으로 바꾸었다. 이후 원나라는 남송을 멸망시키고 대통일 제국을 건국하였는데, 이는 중국 역사에서 최초로 소수민족이 세운 국가이다. 이후 주원장(朱元璋)은 원나라의 통치를 무너뜨리고, 1358년 황제의 지위에 오름으로써 276년 동안 이어질 명나라를 건국하였다. 1644년에는 이자성(李自成)이 명나라의 수도인 북경을 공략하고, 청나라 군대가 중원에 들어옴에 따라 혼란한 사회의 최종적인 승리자가 되었다.

원나라와 명나라의 사회 문화 발전은 서로 다른 특징을 가지고 있다. 원나라는 민족의 분화 정책을 채택하였기에 민족들 사이에 장벽이 높았고, 정치와 통치 역시 유목 사회에서 농경 사회로 이행하는 단계에 있었기에 전체적으로는 남송의 문화와 사상만큼 활발하지는 못하였다. 그러나 원나라는 남송의 과거 제도와 인재 선발 제도를 그대로 따랐을 뿐만 아니라 주희의 학문을 숭상하여 조정의 학문으로 채택하였다. 이러한 방법은 명나라와 청나라에 의해 계승되었으며 중국 문화에 막대한 영향을 미쳤다. 정이와 주희의 학파는 원나라 조정이 주도하는 주류 학문과 의식 형태가 되었는데, 이는 필연적으로 문화와 사상의 분열과 불균형을 가져오게 되었다. 역학의 연구 또한 이와 같아서 유가의 역학은 원나라 전체를 관통할 만큼 커다란 세력을 형성

---

1) 『周易』, 「彖傳」, "大哉, 乾元."

하였다. 명나라는 비교적 오랜 기간 지속되었을 뿐만 아니라 몇 차례의 흥성했던 시기가 출현하였으며, 경제·문화·사상이 발전할 수 있는 비교적 양호한 사회와 환경이 형성되었다. 한편 조정이 정주 이학을 중시했던 것과는 달리 주희의 학문이 가지는 폐단을 반성하는 데에 힘썼던 몇몇 사상들이 나타났고, 왕정상(王廷相)·나흠순(羅欽順)·왕양명(王陽明)·방이지(方以智) 등 중요한 사상가들이 등장하여 새로운 역학의 내용을 탄생시켰다. 이 시기의 역학 저서는 이전에 비해 증가하였고 전파 속도는 빨라졌으며, 사상은 더욱 풍부해졌고 새로운 요소들이 늘어났다. 따라서 이 시기는 역학 발전의 전성기라고 말할 수 있다.

1. 원대의 유가 역학

(1) 허형과 『독역사언』

허형(許衡, 1209~1281)은 자가 중평(仲平)이고 사람들은 그를 노제선생(魯齋先生) 또는 주희 이후 가장 뛰어난 인물이라고 일컬었으며, 회경(懷慶) 하내(河內) 지역 사람이다.[2] 허형은 원나라에 적극적으로 협력하여 지배 계층이 중원의 문화, 특히 주희를 대표로 하는 이학의 전통을 중시하고 흡수하도록 만들었다. 허형은 짧은 분량의 『독역사언(讀易私言)』을 저술하였지만 비슷한 시기의 학자인 오징과 비교해보면 독창적인 역학 사상을 전개하지는 못하였으며, 대부분이 주희의 이학·역학적 해석 노선을 답습하고 있다. 하지만 허형의 학문적인 의미는 남송 시기의 학문 전통을 이어받아 이학의 지위를 드높였다는 데에 있다. 허형의 학문과 사상은 조정에 의해 비교적 광범위한 영향을 미쳤다.

(2) 오징과 『역찬언』

오징(吳澄, 1249~1333)은 자가 유청(幼淸)으로 사람들은 그를 초려선생(草廬先生)이라고 불렀으며, 무주(撫州) 숭인(崇仁) 지역 사

2) 지금의 하남성 초작(焦作) 지역 일대이다.

람이다.[3] 그는 주희의 재전제자를 스승으로 모셨으며, 주희의 이학을 숭상하였다. 하지만 육구연의 사상 또한 높이 평가하였기 때문에 학문적으로는 주희에 가까운 점이 많았지만 주희와 육구연의 학설을 절충하는 입장이기도 하였다. 오징은 "이가 기 속에 있다."[4]고 하여 이가 기를 주재한다고 주장하였다. 또한 학문의 요점은 "마음"에 있으며, 학문을 위한 공부와 개인적인 수양을 중시하였다. 그는 역학에도 상당한 관심을 가지고 연구하는 데에 심혈을 기울였으며, 사십여 년 동안 네 차례의 퇴고 끝에 『역찬언(易纂言)』을 편찬하였고, 『역찬언외익(易纂言外翼)』 또한 저술하였다.

이론의 측면에서 오징의 역학은 융합적인 특성을 가진다. 그는 주희 이후의 유가 역학을 정리하였으며, 의리 역학과 상수 역학을 종합하는 연구 방향을 견지하였다. 나아가 주희가 "『주역』은 본래 점치는 서적이다."[5]라고 언급한 것을 자세히 해석하여 점이란 천도와 인사를 소통시키는 매개체이기에 점이라는 형식을 통해 깊고 심원한 것을 알며 천도에 도달할 수 있다고 여겼다. 오징의 역학적 근원은 주희의 이학에 있는데, 그는 이학의 이론을 차용하여 역학의 천·지·인 관계를 상세히 토론하고, 이와 기의 관계를 전면에 내세움으로써 역학 사상의 내함을 심화시켰다. 또한 오징은 주희가 여조겸이 제시한 『주역』의 순서를 『주역』의 저본으로 채택한 것이 여전히 불충분하다고 여겼기 때문

3) 지금의 강서성 낙안(樂安) 부근을 가리킨다.

4) [역자주] 『吳澄集』, 「答田副使第三書」, "理在氣中."

5) 『朱子語類』, 「易二」, "易本卜筮之書."

에 『주역』의 문장을 고증하고 확인한 내용을 첨삭하였다. 오징은 폭넓은 학문적 시야를 가지고 있었으며, 경학(經學) · 주소(注疏) · 강학(講學)이 학문 인생의 주된 부분을 차지하였다. 제자 및 재전제자로는 해관(解觀) · 해몽(解蒙) · 포순(鮑恂) · 정굉(鄭閎) 등이 역학의 측면에서 언급되는 경우가 많은데, 그들은 원나라 역학사를 관통하는 인물들이다. 따라서 후대 사람들은 오징을 평가할 때에 그를 원나라 역학의 거장이라도 일컫기도 한다.

(3) 호방평과 호일계의 역학

호방평과 호일계 부자는 원나라의 유명한 역학자들이다. 호방평(胡方平, 1223~1278)은 자가 사노(師魯)이고, 송나라 말기와 원나라 초기 휘주(徽州) 무원(婺源) 지역 사람이며,[6] 주희의 삼전제자이다. 『역학계몽통석(易學啓蒙通釋)』은 그가 이십 년 동안 몰두하여 저술한 서적으로 주희의 역학, 특히 주희의 『역학계몽』을 설명하고 해석하는 데에 중점을 두고 있다. 이 서적의 가장 큰 공헌은 주희의 『역학계몽』만을 연구의 대상으로 삼고 그 내용을 상세히 해석함으로써 주희의 역학이 가지는 영향력을 확대하고 학술적 입지를 굳혔다는 데에 있다. 호방평의 역학은 그의 아들 호일계에게 직접적이면서도 중요한 영향을 미쳤다.

호일계(胡一桂, 1247~?)는 자가 정방(庭芳)이고, 학자들은 그를 쌍호선생(雙湖先生)이라고 불렀다. 그는 어려서부터 총명하고 학문을 좋아하였으며, 호방평의 가르침 속에서 역학을 공부하였다.

6) 지금의 강서성 무원(婺源) 지역이다.

나이가 들어서는 관직을 얻지 않고, 이름난 학자들을 찾아다녔으며, 친구들과 학문을 논하였다. 훗날 여러 학자들의 역학 자료들을 수집하고, 주희의 역학 저서들을 해석하여 『역본의부록찬소(易本義附錄纂疏)』·『역학계몽익전(易學啓蒙翼傳)』을 저술하였다. 호일계는 아버지와 마찬가지로 주희의 역학을 매우 추앙하였으며, 『주역본의』와 『역학계몽』이 『주역』의 본래 의미를 전달한다고 생각하였다. 따라서 이들 서적에 기초하여 다양한 해석들을 덧붙임으로써 많은 사람들이 주희의 역학을 이해하고, 인정하도록 만들었다. 그는 역학사의 각종 역학 문헌·전승 맥락·주요 관점들을 수집하여 주희의 역학과 대조한 뒤에 주희가 공자 이후 수백 년 동안 역학의 측면에서 가장 깊이 있고, 정확하게 이해한 학자라는 점을 증명하였다. 호일계는 역학을 근본에서부터 바로잡은 동시에 주희의 관점과 다르거나 어긋나는 역학적 주장들을 모두 배척하였기에 당시 주희의 사상에 대한 왜곡과 오해를 어느 정도 바로잡았으며, 주희의 학문을 빛나게 만들었다. 하지만 주희의 학문적 범위를 벗어나서 자신만의 독창적인 학문적 내용들을 형성하지는 못하였다. 호방평과 호일계 부자의 역학은 동진경(董眞卿)·호병문(胡炳文) 등의 학자들에게 영향을 미쳤으며, 명나라 역학의 주류 학문이 되었기에 그 영향력은 상당히 컸다.

(4) 보파의 역학

보파(保巴, ?~1311)는 자가 공맹(公孟)이고, 원나라의 몽고족 학자이다. 보파는 원나라 조정의 주요 관직을 거쳤으며, 동궁(東

宮)으로 들어가 태자에게 역학의 이치를 강학하였다. 그는 어려서부터 학문을 좋아해서 『주역』을 깊이 연구하였으며, 『역원오의(易源奧義)』·『주역원지(周易原旨)』·『주역상점(周易尙占)』 등 다양한 역학 저작들을 저술하였다.

보파의 역학은 원나라의 학자들 가운데서 특출난 성격을 지니고 있다. 그는 주희의 역학에서부터 출발하지 않고 다양한 관점을 받아들였는데, 『주역』·왕필에서부터 송나라 유학자들의 역학에 이르기까지를 모두 자신의 연구 범위에 포함시켰다. 보파의 역학 가운데는 스스로 발명한 몇 가지 이론들이 있다.

첫째, "선천도식(先天圖式)"을 창작한 것이다. 그는 기(氣)·형(形)·질(質) 등의 철학 범주 및 금·목·수·화·토의 오행 관념을 폭넓게 흡수하여 우주의 변화 형식을 "나무"로 비유한다. 그리하여 하도(河圖)는 선천도(先天圖)이고 선천은 태극이며 나무의 뿌리에 해당되고, 팔괘도(八卦圖)는 중천도(中天圖)이며 중천은 인도(人道)이고 나무의 줄기에 해당되며, 낙서(洛書)는 후천도(後天圖)이고 후천은 지도(地道)이며, 나무의 가지에 해당된다고 생각한다. 즉 나무의 줄기에서 가지까지는 태극이 만물을 변화시키는 과정을 나타낸다는 것이다. 보파의 이와 같은 사상은 태극을 근원으로 삼는 관념에서 기원한다.

둘째, "언어는 뜻을 다하지 못한다.(言不盡意)"와 "마음으로 마음을 깨닫는다.(以心會心)"를 주장한다. 이것은 왕필의 "언어는 뜻을 다하지 못한다."라는 주장을 더욱 상세히 나타낸 것이다.

셋째, "하나이면서 둘이고, 둘이면서 하나이다."를 주장하였다. 보파는 사물이 극단에 이르면 반드시 반대로 되돌아오고, 도란 궁하면 반드시 변화한다고 여겼다. 나아가 우주와 만물은 음양학설에 근거하여 하나가 나누어지면 둘이 되고, 둘은 서로 의지하여 떨어질 수 없기에 하나의 전체 속에 자리한다고 생각하였다.

이상의 역학자들 이외에도 진력(陳櫟)·조채(趙采)·왕신자(王申子)·장이(張理)·웅량보(熊良輔)·황택(黃澤)·조방(趙汸)·진응윤(陳應潤)·전의방(錢義方)·두도견(杜道堅) 등의 인물들을 들 수 있다. 하지만 대다수는 주희를 따르거나 정이·주희의 역학에 근거하기에 이론의 측면에서는 송나라의 이학적 체계를 벗어나서 독창적인 견해를 이루지 못하였다. 원나라는 존재 기간이 상대적으로 짧았으며, 문화와 사상 또한 충분히 전개되지 못하였기에 학문적 연구는 송나라와 비교할 수 없을 만큼 부족하다. 하지만 원나라의 역학은 주희의 이학적 전통을 준수하였다. 이것은 한편으로는 몽고족이 지배하는 문화의 측면에 건설적인 방안을 제시하였고, 다른 한편으로는 원나라가 비교적 높은 사상적 수준을 유지하도록 만들었다. 비록 이학적 전통을 혁신하는 데에는 미치지 못하였으나 지키는 데에는 성공하였으며, 명나라의 역학 발전에 중요한 기초가 되었다.

2. 명대의 정주 역학

명나라는 원나라의 과거 제도를 답습하고 주희가 편찬한 "사서(四書)"를 시험의 내용으로 명시화하였는데, 이로써 주희의 이학(理學)이 조정에서 가지는 지위는 더욱 확고해졌다. 역학의 연구에서 많은 학자들은 정이와 주희의 역학을 여전히 추앙하였으며, 이를 바탕으로 깊이 있게 주석하고 분석하며 정리함으로써 중요한 연구 역량을 갖추었다. 대표적인 인물로는 호광·채청·래지덕 등을 언급할 수 있다.

(1) 호광과 『주역대전』

호광(胡廣, 1370~1418)은 자가 광대(光大)이고, 명나라 시기 길수(吉水) 지역 사람이다.[7] 그는 명나라 건문 2년(1400)에 경진과(庚辰科)에 장원으로 급제하였으며 문연각(文淵閣)의 대학사(大學士)를 역임하였다. 호광은 경학에 조예가 깊었으며 송나라의 정주 이학을 추앙하였다. 그는 황제의 뜻을 받들어 『오경사서성리대전(五經四書性理大全)』을 편찬하였는데, 그 속에 『주역대전(周易大全)』이 포함되어 있다.

『주역대전』을 편찬한 목적은 과거 시험에 사용하기 위한 것이다. 대전(大全)이라는 말은 호일계(胡一桂)의 『주역본의부록찬소

7) 지금의 강서성 길수(吉水) 지역이다.

(周易本義附錄纂疏)』, 호병문(胡炳文)의 『주역본의통석(周易本義通釋)』, 동해(董楷)의 『주역전의부록(周易傳義附錄)』과 동진경(董真卿)의 『주역회통(周易會通)』 등의 내용을 선별하여 편찬한 것으로 주희의 주석과 후대 사람들의 주석을 하나로 합쳤기 때문에 "대전"이라고 일컫는다. 선택의 기준은 당연히 주희의 역학을 충실히 따르면서도 해석이 엄격하며 체계가 완벽한 역학이다. 따라서 『주역대전』은 형식이 통일되어 있으며, 사상이 일치된 역학 문헌이 되기에 과거 시험에 사용하기 적절할 수밖에 없다. 이 서적은 두말할 것도 없이 조정의 정치적 권위를 나타내는데, 학문 연구의 방향을 이끌어내는 동시에 명나라 학자들의 역학 연구가 주희의 이학 체계 속에만 머물도록 만들었다.

(2) 채청의 역학

채청(蔡淸, 1453~1508)은 자가 개부(介夫)이고, 명나라 진강(晉江) 지역 사람이다.[8] 그는 평생 학문에 힘썼으며 독서를 통해 도를 구하는 행위를 일관되게 추구하였는데, 관직에 임하는 것 이외에도 강학 활동을 적극적으로 시행하여 당시 사회적으로 광범위한 영향을 미쳤다.

채청의 저작은 매우 많아서 역학 저서로는 『역경몽인(易經蒙引)』·『태극도설(太極圖說)』·『하락사견(河洛私見)』 등을 꼽을 수 있으며, 후대 『채중랑문집(蔡中郎文集)』으로 편찬되었다. 그의 역학이 가지는 가장 큰 특징은 주희의 역학으로부터 커다란 영향을 받았다

8) 지금의 복건성 천주(泉州) 지역을 가리킨다.

는 것이다. 『역경몽인』은 주희의 주석이 가지는 본래의 뜻을 캐묻기 위한 것으로 주희의 역학에 기초하여 『주역』의 의리를 설명하는데, 명나라 의리 역학의 대표작이라고 할 수 있다. 채청은 주희의 역학을 해석하는 동시에 역학에 대한 자신의 견해를 논술하였다. 그는 가장 높고 깊은 역(易)은 천지의 역이며 우리가 보고 있는 『주역』은 성인이 천지의 역을 모방하여 완성한 것이라고 여겼는데, 이것이 바로 "모사설(模寫說)"이다.

채청은 「계사전」의 "사(辭)·변(變)·상(象)·점(占)"이라는 네 가지 개념을 중시하여 이것이 역학적 이치에 통달하는 주된 노선이라고 여겼다. 이 또한 주희가 강조한 것이지만 채청은 특히 상을 중시하여 괘효상을 으뜸이라고 여겼으며, "역은 상을 본받는다(易法象)"라는 관념을 제기하였다. 주희의 역학은 상수·하도와 선천의 학설을 포기하지 않았기에 채청은 하도와 낙서의 가치를 인정하였으며, 하도를 역의 근본이라고 여기고 하도와 낙서의 숫자 배열이 가지는 형식과 관계를 적극적으로 연역하였다. 선천학과 후천학 사이를 유기적으로 구축한 것 또한 채청의 역학이 가지는 중요한 내용으로 이는 주희 이후의 선천과 후천 사이의 논쟁을 해결한 것이다. 채청은 선천이 상대적인 본체를 이루고 발생한 뒤에야만 후천이 널리 퍼져서 전개된다고 지적하였다. 전자는 후자의 기초와 전제이고, 후자는 전자의 연속과 외부적인 표현이라는 것이다.

이외에도 채청은 태극 등의 역학 범주에 대해서도 풍부한 이해를 가지고 있었는데, 이를 통해 주희 역학의 본 모습을 드러내었을 뿐만 아니라 개인적인 관점을 충분히 드러내었다. 채청이 명나라 주자학의 첫 번째로 손꼽히는 이유는 그가 주희의 학문적 입장과 사상 내용을 견지하고, 학술사의 논쟁과 시대적 문제를 결합하여 창조적으로 대답하였기 때문이다. 이 때문에 그는 당시의 수많은 역학자들 가운데서 두각을 드러내었다.

채청은 많은 제자들을 거두었는데, 역학의 연구로 명성을 떨친 인물은 진침(陳琛, 1477~1545)이다. 진침은 자가 사헌(思獻)이고, 명나라 시기 진강(晉江) 지역 사람이다.[9] 그가 지은 저서로는 『역경통전(易經通典)』이 있고 『주역』을 연구하는 방법은 스승인 채청과 대체로 일치하는데, 훈고의 방법에서부터 시작하여 의리를 중점적으로 밝히는 것이다.

(3) 래지덕의 역학

래지덕(來知德, 1525~1604)은 자가 의선(矣鮮)이고, 명나라 양산(梁山) 지역 사람이다.[10] 그는 학문의 근본을 치지(致知)에 두어야 한다고 주장하였으며, 『주역』에 대한 연구를 좋아하여 "바람과 달이 유쾌하니 마땅히 건곤과 함께 불멸해야 한다."[11]라는 시를 짓기도 하였다. 그가 저술한 역학 저서로는 『독역오언(讀易寤言)』·『주역집주(周易集注)』등이 있다.

래지덕은 주희가 『주역』의 상(象)을 이해하기 어렵다고 서술한 데에 대해 불만을 가지고, 역상을 괘정(卦情)의 상·괘획(卦劃)

---

9) 지금의 복건성 천주(泉州) 지역에 속한다.

10) 지금의 중경시(重慶市) 양평(梁平) 일대이다.

11) 『來瞿唐先生日錄』, 「快活庵吟」, "風月快活成一片, 應與乾坤同不朽."

의 상·대상(大象)의 상·중효(中爻)의 상·착괘(錯卦)의 상·종괘(綜卦)의 상·효변(爻變)의 상·점중(占中)의 상 등 여덟 종류로 분류하였다. 그는 역상 속에 천지의 깊은 이치가 깃들어 있다고 생각하였으며, 역상을 연구하지 않고서는 『주역』을 이해할 수 없다고 여겼다.

래지덕은 「괘사전」의 "그 수를 섞고 뒤집는다."[12]는 문장에 근거하여 『주역』의 취상(取象)을 토론하고, "착종설(錯綜說)"을 주장하였다. "착"은 음과 양이 반대되는 것이고, "종"은 위와 아래가 뒤집어진 것으로 모든 역상은 착과 종 속에 포함된다. 그는 괘가 사정(四正)의 섞음과 사우(四隅)의 뒤집음이 있으며, 어떤 괘는 정(正)으로 가지고 우(隅)를 뒤집고 어떤 괘는 우를 가지고 정을 뒤집는다고 논술한다. 나아가 그는 괘상을 논의할 때에 상의 의미와 글자의 의미 및 착종의 의미를 먼저 해석한 뒤에 그 괘와 효의 뜻을 훈고하는 방식을 채택한다.

자신의 뜻을 더욱 분명하게 표현하기 위해 래지덕은 「복희문왕착종도(伏羲文王錯綜圖)」·「팔괘소속자상착도(八卦所屬自相錯圖)」·「육효변자상착도(六爻變自相錯圖)」·「팔괘차서자상종도(八卦次序自相綜圖)」·「역학육십사괘계몽(易學六十四卦啓蒙)」 등을 만들었으며, "네 성인으로부터 오랫동안 전해지지 않았던 비밀이 이곳에서 모두 드러났다."[13]라고 자신 있게 말하였다.

래지덕의 역학은 당시 학자들로부터 뛰어난 학문이라고 추앙받았으며, 그의 역학을 "래씨역(來氏易)"이라고 일컬었다. 이로

12) 『周易』, 「繫辭上傳」, "錯綜其數."

13) 『周易集注』, 「易學六十四卦啓蒙」, "四聖千古不傳之祕, 盡洩於此."

부터 당시 그의 역학이 커다란 영향력을 미쳤다는 점을 충분히 알 수 있다.

명나라 시기에 정주 역학을 연구한 사람들은 유정지(劉定之) · 왕서(王恕) · 나윤(羅倫) · 하맹춘(何孟春) · 최선(崔詵) · 여남(呂柟) 등등 매우 많았다. 하지만 성과와 영향력으로 말하자면 호광 · 채청 · 래지덕에 비교될 수 없을 것이다. 이들은 주희의 역학적 전통을 이어나간다는 점에서 공통점을 가진다. 호광의 공헌은 원나라 이후의 주희 역학에 대한 연구 성과를 계승하고, 주희의 역학이 조정의 학문으로서 가지는 권위를 확고히 한 데에 있다. 채청은 주로 의리의 측면에서 주희의 역학을 발전시켰으며, 당시 저명한 학자였다. 래지덕은 주희의 역학을 약간 수정하고, 한층 더 발전된 상수 역학의 방법을 창조하여 주희가 남긴 문제들을 해결하고자 하였기 때문에 독창적인 부분을 대거 발견할 수 있다.

3. 명대의 심학 역학

심학(心學)은 명나라의 철학과 사상의 가장 큰 성과이다. 비록 심학의 시작은 남송 시기의 육구연 혹은 그 이전 시기까지로 거슬러 올라갈 수 있지만 심학의 최종적인 완성 및 사상·역사·문화에 영향을 미친 정도를 따지자면 명나라의 양명학단한 것이 없다.

양명학(陽明學)은 특수한 역사적 배경을 가지고 있다. 문화와 사상의 측면에서는 이학으로 대표되는 유학에 대한 반성을 계승하고 있는데, 명나라의 정주 이학이 가지는 폐단을 철저하면서도 체계적으로 보완하였다. 역학 연구의 측면에서 대표적인 학자는 담약수·왕양명·왕기 등이다.

(1) 담약수의 역학

담약수(湛若水, 1466~1560)은 자가 원명(元明)이고 호는 감천(甘泉)이며, 명나라 증성(增城) 지역 사람이다.[14] 담약수는 유명한 유학자 진헌장(陳獻章)을 스승으로 모시고, "어디서든 천리를 체득한다."[15]는 사상을 주장하였다. 그는 사람의 마음은 만물을 회통하여 살펴볼 수 있으며, 안과 밖의 차이 또한 존재하지 않을 큰

14) 지금의 광동성 증성(增城) 지역이다.

15) 『湛若水集』, 「示學六言贈六安潘汝中黃門」, "隨處體認天理."

만 아니라 천리와 인심은 본래 하나라고 생각하였다. 따라서 행위는 격물(格物)에 삼가 힘써야 하고, 심성과 천리의 통일을 유지해야 한다고 판단한다.

담약수는 태극을 원기(元氣)로 해석하여 원기가 천지를 구성하며, 사람은 원기의 가운데에 있고 마음은 인체 가운데에 있으므로 마음이 중정(中正)의 위치에 자리한다고 주장하였다. 이로부터 그는 역학의 핵심이 "몸과 마음의 역(易)"을 깊이 연구하는 데에 있다고 여겼으며, "몸과 마음의 역으로부터 천 · 지 · 인간 · 사물의 역을 궁구한다."[16]라고 말한다. 그의 역학 저서로는 『수복고역경전훈측자서(修複古易經傳訓測自序)』가 있는데, 이것을 저술한 의도는 『역전』을 명확히 이해하면서도 『역전』을 통해 『역경』을 해석하려는 데에 있다.

당추(唐樞, 1497~1574)는 자가 유중(惟中)이고, 명나라 귀안(歸安) 지역 사람이다.[17] 그는 어려서부터 담약수를 스승으로 모시고 공부하였으며, "어디서든 천리를 체득한다."라는 주장을 철저히 믿고 따랐다. 훗날 왕양명으로부터 깨우침을 얻어 "진심(眞心)"이라는 사상을 내세웠으며, "마음"이 천지와 만물 · 역사의 고금을 통할 수 있다고 주장하였다. 하지만 이러한 방법은 사변의 실천을 통해서만이 "진심"의 상태를 회복할 수 있다는 한계를 가진다.

담약수의 또 다른 제자로는 여회(呂懷, ?~?)가 있다. 그는 『주역괘변도전(周易卦變圖傳)』를 저술함으로써 괘변의 학문을 가지고

16) 『泉翁大全集』, 「修複古易經傳訓測序」, "由身心之易以窮天地人物之易."

17) 지금의 절강성 호주(湖州) 지역이다.

『주역』을 해석하였는데, 사상의 측면에서 주희·담약수·왕양명의 학문이 가지는 간격을 조화시키고자 하였다.

그의 제자들이 전개하는 역학은 모두 담약수의 심학 관념을 견지한다. 하지만 역학 연구에 있어서는 포괄적이지 못하고 깊이 있지 않으며, 사상과 이론의 측면에서도 세심하지 못한 부분이 있다. 역학의 연구 방법 또한 전문적으로 연구하지 못하고, 도서 역학과 상수 역학에 대한 기본적인 인식에만 머물러 있으며 독창성이 떨어진다. 이것은 명나라 심학 역학의 이론적 연구가 과도기에 놓여 있다는 점을 나타낸다.

(2) 왕양명의 역학 관념

왕양명(王陽明, 1472~1528)은 자가 백안(伯安)으로 사람들은 그를 양명선생(陽明先生)이라고 불렀으며, 명나라 소흥(紹興) 여요(餘姚) 지역 사람이다.[18] 그는 명나라의 가장 중요한 사상가로서 학문의 목표가 성현이 되는 데에 있다고 지적하였고, 지행합일(知行合一)과 치양지(致良知)를 주장하였다. 나이가 들어서는 "선도 없고 악도 없는 것이 마음의 본체이고, 선도 있고 악도 있는 것이 뜻의 움직임이며, 선과 악을 아는 것이 양지이고, 선을 행하고 악을 제거하는 것이 양지이다."[19]라고 하는 유명한 사구교(四句教)를 제기하였다.

---

18) 지금의 절강성 여요(餘姚) 지역이다.

19) 『傳習錄』, 「門人黃省曾錄」, "無善無惡是心之體, 有善有惡是意之動, 知善知惡是良知, 爲善去惡是格物."

왕양명은 심학의 집대성자이면서 학문·사상·교육·실천의 측면에서 뚜렷한 공적을 남긴 인물이다. 그는 전문적인 역학 저서를 남기지 않았지만 그의 학문은 저서에 의해 측정되는 것이 아니라 사상의 높이와 깊이에서 평가할 수 있다. 왕양명은 역학과 관련된 몇몇 문장들과 논의들을 펼쳤는데, 이 속에는 그의 철학과 사상처럼 깊고 정묘한 지혜가 내함되어 있다.

왕양명은 『주역』이 현묘하며, 역학적 이치는 예측하기 어렵지만 인간의 본심을 벗어나서 발현하고 유행하는 것은 아니라고 여겼다. 하늘의 이치는 인간의 양지(良知)이고, 하늘의 이치와 양지는 차이가 없기 때문에 양지가 곧 역(易)이며, 변화하는 상태에 처한다는 것이다. 따라서 오직 변화만이 마음의 본체를 근본적으로 이해하고, 본체와 작용을 합일시키며, 마음과 본성의 변화를 파악할 수 있다고 간주한다. 나아가 역학은 하늘의 마음을 체득한 천인합일의 학문으로 음양이 사그라들고 자라는 것은 사람의 마음이 움직이는 것과 같은 특징을 가진다고 판단한다. 왕양명은 『주역』을 포함한 육경(六經)이 말하는 것은 모두 사람의 마음 속에 항상된 이치이기 때문에 『주역』을 존숭해야 하며, 역학적 이치를 통해 본심을 구하고 본성을 다해야 한다고 주장한다.

(3) 왕기의 역학

왕기(王畿, 1498~1583)은 자가 여중(汝中)이고, 명나라 산음(山陰) 지역 사람이다.[20] 왕기와 왕양명은 같은 고향 사람인데, 그

20) 지금의 절강성 소흥(紹興) 지역이다.

는 성격이 호방하고 자유분방하며 때로는 자신의 실력을 믿고 다른 사람을 업신여기기도 하였다. 왕양명은 그가 뛰어난 인재라고 생각하였으며, 여러 방법들을 동원하여 그를 자신의 문하로 받아들이고 심학을 가르쳤다.

역학은 왕기가 심학 사상을 발휘하는 데에 중요한 측면이 되었다. 그는 역학을 통해 왕양명의 심학 이념을 계승한다는 학문적 연원을 드러내었을 뿐만 아니라 자신의 새로운 이론을 활발하면서도 과감히 나타내었다. 그가 저술한 역학 저서로는 『대상의술(大象義述)』이 있으며, 역학에 대한 견해들은 『용계전집(龍溪全集)』 속에 흩어져 있다. 역학에 대한 그의 사상은 다음과 같은 몇 가지로 정리할 수 있다.

첫째, 태극(太極)은 심극(心極)이다. 왕기는 양지를 발휘하고자 하는 왕양명의 사상에 찬성하여 양지가 곧 본체이자 작용이며, 마음의 본래 모습 · 사람의 근본이라고 여겼다. 즉 양지가 인심의 극(極)이라는 것이다. 또한 인간은 천지의 마음 · 음양오행의 뛰어남 · 만물의 주재로서 인심의 극은 천지가 크게 변화하는 핵심인 태극과 어느 정도 상통할 수 있고 주장하였다. 따라서 그는 태극이 곧 양지이고, 태극이 곧 마음이라고 간주한다. 이러한 명제는 양지에 대한 심학의 학설을 단순히 사람의 도덕 행위에만 적용하는 것이 아니라 천지와 만물의 질서에까지 확장한 것으로 양지 혹은 마음의 본원을 드러낸다는 의미를 가지고 있다.

둘째, "역학은 심역(心易)이다."라는 것이다. 정호는 「설괘전」을 설명할 때에 이치를 궁구하기만 한다면 그 본성을 다하여 명(命)에 도달할 수 있다고 언급한 적이 있다. 이치를 궁구하고, 본성을 다하며, 명에 도달하는 것은 분리할 수 없는 것으로 그 가운데 하나를 완성한다면 세 가지를 모두 실현하는 것이 된다. 왕기는 정호의 사상을 이어받아 『주역』을 연구할 때에 이치를 궁구하고, 본성을 다하며, 명에 도달하는 것은 실질적으로 사람의 마음 속에서 통일되어야 할 뿐만 아니라 양지를 근본으로 삼아야 한다고 생각하였다. 따라서 『주역』의 이치는 마음의 이치와 다를 것이 없으며, 이 둘은 근본적으로 일치하기에 "역학은 심역(心易)이다."라고 주장한다.

셋째, 유·불·도 삼교(三教)는 역학으로 귀결된다. 왕양명은 불교는 생사(生死)에서부터 벗어난다는 각도로부터 "무(無)"를 강조하고, 도가는 양생(養生)에 대한 입장으로부터 "허(虛)"를 주장하지만 불교와 도가는 본체에 대해서 설명하지 않았다고 생각하였으며, "허"·"무"는 본질이 아님을 지적하였다. 왕기는 『주역』이 말하는 "생각하는 일이 없고, 작위하는 일이 없다."[21]란 마음의 본체가 가지는 "적연부동(寂然不動)"이라는 자연 상태를 나타낸다고 여겼다. 즉 본체가 곧 작용이고, 고요함이 곧 느낌이며, 허(虛)에 이르면 실(實)이 되고, 무(無)에 이르면 유(有)가 된다는 것이다. 그는 『주역』의 내용이 불교와 도가가 생사로부터 벗어나 "무"·"허"를 말하는 것에 비해 더욱 철저하고 완전하다고 여겼다. 따라서 『주역』의 이치를 통해 불교·도가·유가의 사상을 통합할 수 있다고 지적한다.

왕기는 심학 사상을 『주역』에 등장하는 괘들에 대한 해석으로 확대하였다. 그는 『주역』을 공부하고 연구하는 목적이 화와

---

21) 『周易』, 「繫辭上傳」, "无思也, 无爲也."

복을 예지하는 것이 아니라 잘못을 고치고, 분노와 욕망을 억누르며, 본연의 마음이 선한 상태를 지킴으로써 외부 환경으로부터 혼란과 오염을 받지 않는 데에 있다고 생각한다.

위에서 언급한 심학 역학을 대표하는 몇몇 인물 이외에도 추덕보(鄒德溥)의 『역회(易會)』·학경(郝敬)의 『주역정해(周易正解)』와 『역령(易領)』 등을 들 수 있다. 이들은 공통적으로 체험에 기초한 이해를 중시하며, 정주 역학에 어느 정도 반대하는 입장을 고수한다. 심학 역학의 발전은 명나라 경학의 중요한 발전 노선으로 『주역』을 연구하는 측면에서 사상적 공간을 크게 확장하였다. 심학 역학은 의리에 대한 이해와 해석의 측면에 더욱 충실하는 동시에 개인의 사상적 체험을 중시하는 특징을 가지고 있다. 이것은 심학이 갖추고 있는 사상적 방법에 의해 결정된 것이면서 『주역』이 가지고 있는 광활한 이론과 해석 공간에 기인한 것이다.

4. 명대의 기타 역학 연구들

명나라의 역학은 과거에 비해 다채로운 특징을 가지고 있으며, 다양한 역학 연구의 방법과 이론이 발전하였다. 그리하여 비교적 성숙한 심학 역학의 체계가 등장하였고, 상수 역학은 더욱 세분화되고 발전하였으며, 역학에 대한 불교 학자들의 연구 또한 심화되었다. 역학은 가장 중요하고도 개방적인 문화의 상징이 된 것이다.

(1) 지욱과 『주역선해』

지욱(智旭, 1599~1655)은 불교 정토종(淨土宗)의 아홉 번째 조사(祖師)로 명나라 오현(吳縣) 지역 사람이다.[22] 그는 평생 신앙의 전환을 몇 차례 가졌는데, 어려서는 유가를 좋아하여 불교와 도교를 적극적으로 배척하였지만 후에는 불교 사상의 영향을 받아 불교로 귀의하였다. 그는 불교의 여러 종파가 주장하는 사상과 이론을 폭넓게 연구하였으며, 선(禪)·율(律)·교(敎)가 합일된 체계를 제안하였다. 이에 바탕하여 그는 유가·도교 및 다른 종교들을 섭렵하였으며, 당시 사회적으로 중요한 영향을 미쳤던 불·도·유 세 학파를 융합하고자 하였다. 여기에서 『주역』은 바로 그의 이러한 목적을 실현할 수 있는 중요한 매개체였다.

---

22) 지금의 강소성 소주(蘇州) 지역이다.

지욱의 대표적인 역학 저서는 『주역선해(周易禪解)』이다. 그는 불교의 이치와 역학의 이치가 근본적으로 서로 통한다고 생각하였다. 이를테면 "도란 자주 옮기는 것이다."[23]는 불교에서 정해진 법이란 없다고 여기는 것과 같고, "변동하여 머물지 않아 여섯 빈자리에 두루 흐른다."[24]는 "십법계(十法界)"의 여러 변화들이 해당되며, "오직 변해서 갈 뿐이다."[25]는 불교가 어떤 특정한 법에도 집착하지 않는 것과 유사하다는 점을 들 수 있다. 이로부터 지욱은 불교와 역학이 융합한다는 사상을 주장하게 된다.

첫째, 역(易)이란 불성(佛性)과 진여(眞如)라는 것이다. 지욱은 역의 이치란 "무체(無體)"이며, 고요하면서도 끊임없이 움직이기에 깨끗하여 잡된 것이 섞이지 않은 "진여의 마음"과 같이 고요하고 깨끗하며, 형체로 파악할 수 없다고 생각한다. 따라서 진여는 불성이 되고, 역은 불성과 진여가 된다고 주장한다.

둘째, 연(緣)과 역(易)은 서로 융합될 수 있다는 것이다. 불교의 『대승기신론소략(大乘起信論疏略)』은 "인연을 따르지만 변화하지 않고, 변화하지 않지만 인연을 따른다."[26]라고 하여 변화와 불변·생생과 소멸·순간과 영원이라는 시간 변증법 사상을 설명한다. 이와 마찬가지로 지욱이 보기에 『주역』에 등장하는 변역(變易)과 불역(不易)의 관계는 위도 될 수 있고 아래도 될 수 있으며, 안이

---

23) 『周易』, 「繫辭下傳」, "爲道也屢遷."

24) 『周易』, 「繫辭下傳」, "變動不居, 周流六虛."

25) 『周易』, 「繫辭下傳」, "唯變所適."

26) 『大乘起信論疏略』, "隨緣不變, 不變隨緣." [역자주] 원서에는 『대승기신론(大乘起信論)』으로 표기되어 있으나 『대승기신론소략(大乘起信論疏略)』으로 확인되었다. 따라서 출처를 『대승기신론소략』으로 정정한다.

될 수도 있고 밖이 될 수도 있으며, 움직임이 될 수도 있고 고요함이 될 수도 있으며, 강함이 될 수도 있고 부드러움이 될 수도 있는 변화이다. 따라서 그는 이러한 관계를 "불역이면서 변역이고, 변역이면서 불역이다.(不易而易, 易而不易)"라고 인식한다.

셋째, 하나의 효는 모든 법(法)을 포괄한다는 관점을 통해 『주역』의 괘와 효에 대해 상세히 설명한다. 이러한 해석은 불교와 역학을 융합하려는 그의 관념에 기초한 것이며, 불교의 "이사무애(理事無碍)"와 "사사무애(事事無碍)"라는 측면에서부터 역학의 영역으로 확장한 것이다. 지욱은 모든 효는 다른 삼백팔십 세 효의 함의를 포괄하고 있다고 생각하며, 심지어는 각각의 효가 모든 사물과 사상을 포함한다고 말하기도 한다. 지욱은 이러한 점에 기초하여 『주역』을 해석함으로써 자신의 지혜를 확실히 떨쳤으며, 불교 역학의 측면에서 매우 높은 성과를 거두었다.

지욱은 명나라의 종교를 융합하고자 했던 걸출한 인물이다. 여러 종교들은 자신의 이론을 중심으로 다른 이론을 병합하려는 경향이 상당히 다분하다. 하지만 지욱은 다양한 종교의 이론들이 가지는 공통점을 끊임없이 찾아내었고, 학파와 종교 사이의 간극을 봉합하고자 하였다. 따라서 신선한 생명력을 가진 사상과 관점들을 도출하였는데, 이는 분명한 시사점을 남기고 있다.

(2) 황도주의 역학

황도주(黃道周, 1585~1646)은 자가 유현(幼玄)이고 호는 석재(石齋)이며, 명나라 장포(漳浦) 동산(銅山) 지역 사람이다.[27] 그는 학식이 넓고 아는 것이 많아 고금에 통달하였는데, 특히 역학에 정통한 것으로 이름을 날렸다. 어린 시절에는 『주상(疇象)』과 『역본상(易本象)』, 젊은 시절에는 『삼역통기(三易洞璣)』, 늙어서는 『역상정(易象正)』을 저술하였다. 이 세 단계는 그가 역사적 · 사상적 · 철학적 측면에서 천도와 인사에 대한 사고가 점차 높아졌음을 나타내고 있다.

황도주는 독창적인 정신을 가진 역학자로서 『삼역통기』을 통해 거시적이면서도 지식론적인 해석 체계를 개발하여 『역경』의 괘와 효 및 변화에 대한 해석을 드러내었다. 그는 이전 시기 학자들의 역학을 정리하여 육십사괘의 괘효사를 일관되게 해석하는 방법, 즉 "변괘(變卦)"를 주장하였다. 이에 입각하여 육십사괘의 괘와 효를 춘추 시기에서부터 명나라 초기까지 약 이천여 년의 역사에 대응시켰으며, 역학을 근거로 하는 역사 해석학을 구축하였다. 황도주의 역학은 단순한 견해에서부터 어떤 신비하고도 특수한 힘을 희망하는 데에까지 이르렀으며, 이로써 여러 학문들에 대한 지식 구조를 갖추어 나날이 쇠퇴하는 나라의 운명을 구원하고 악습이 쌓여가는 사회 모순의 문제를 해결하고자 하였다. 그는 혁신적인 이론과 사회 위기를 해결하려는 포부를 가지고 있었던 역학자였다.

(3) 방이지의 역학

방이지(方以智, 1611~1671)은 자가 밀지(密之)이고, 명나라 안

27) 지금의 복건성 동산현(東山縣) 지역 일대이다.

경(安慶) 동성(桐城) 지역 사람이다.[28] 방이지는 학식이 깊은 가문의 자제로서 그의 학문은 넓고 깊어 고금을 통달하였으며, 유·불·도 삼교의 학문을 융합하는 데에 힘을 쏟았다. 또한 서양의 자연과학적 지식을 적극적으로 흡수함으로써 명나라 말기 가장 박학다식한 사상가가 되었다. 방이지의 저서는 비교적 많은데, 대표적인 역학 저서는 『주역시론합편(周易時論合編)』·『역여(易餘)』 등이 있다.

방이지는 『주역』을 유가의 육경(六經) 가운데 가장 중요한 서적이라고 여겼으며, 다른 오경(五經)을 통섭하는 지위를 가진다고 생각하였다. 한편으로는 『주역』이 세계와 만물의 발생·발달·운동·변화의 원인과 법칙을 밝힌 서적이라고 지적하기도 하였다. 역학의 이치는 사물의 현상과 본질을 모두 포함하며, 사물이 변화하는 외적 형식과 내재적 근원에 반영된다는 것이다. 역사적으로 줄곧 논쟁이 되었던 『주역』이 점치는 서적인가의 여부에 대해서는 『주역』이 점술이라는 기능을 빌려 역학의 이치를 전달하는 서적이라고 생각하였다.

그는 의리 역학을 중시하는 동시에 의리 역학과 상수 역학의 조화에 대해 주의를 기울였다. 방이지는 상수 역학은 의리 역학의 외재적 표현 형식으로 일정한 규칙을 가지며, 일률적으로 말살할 수 없다고 주장한다. 이를 증명하기 위해 그는 『주역시론합편』을 정리할 때에 「도상기표(圖象幾表)」를 집어넣었을 뿐만 아니라 『주역』이 말하는 "시(時)"의 철학으로부터 새로운 역학적 이치들을 발굴하였다. 이에 근거하여 유·불·도 삼교의 이론 대

---

28) 지금의 안위성 동성(桐城) 지역이다.

해 정리하면서 삼교가 『주역』으로 귀결된다고 상정하고, 사상과 이론의 측면에서 매우 독창적인 관점을 전개하였다.

실직적인 측면에서 방이지의 역학은 유가 내부에 존재하는 이학과 심학 사이의 간극을 좁히고, 유·불·도 삼교의 문화를 통합하는 역량을 갖춤으로써 명나라 말기 문화와 사상의 발전에 새로운 돌파구를 찾아내었다. 그의 역학은 집안 대대로 내려오는 학풍의 영향을 받았기에 "사대(四代)가 역학을 전했다."고 말할 수 있다. 그의 증조할아버지 방학점(方學漸)·할아버지 방대진(方大鎭)·아버지 방공소(方孔炤)는 모두 『주역』을 연구하였다. 특히 방공소는 황제의 명에 의해 황도주와 함께 투옥된 이후, 옥중에서 역학을 토론할 정도였다. 방이지의 스승·종친·자손 가운데도 『주역』을 공부하고 연구하는 사람들이 많았는데, 주위의 생활 환경이 수준 높은 역학적 분위기를 갖추고 있었다.

제 7 장 청대의 역학

제 7 장

청대의 역학

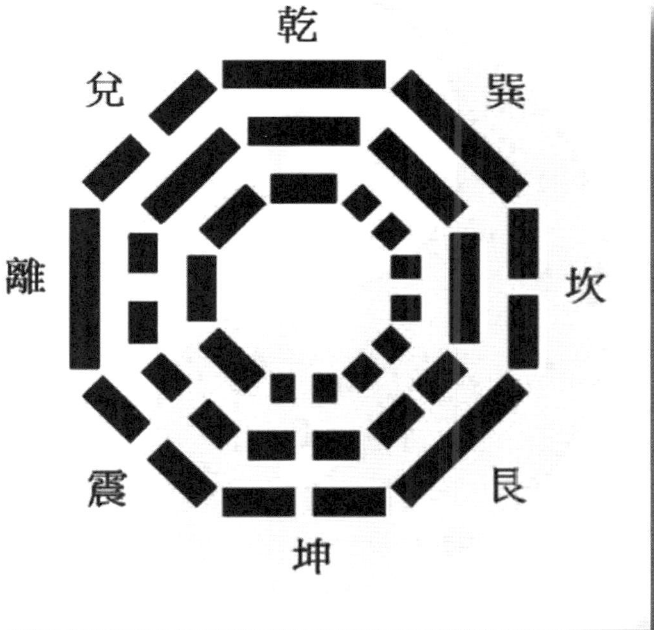

1644년 이자성(李自成)이 농민군을 이끌고 명나라의 수도 북경으로 쳐들어감에 따라 명나라는 멸망하게 되었다. 이 시기에 명나라의 숙적인 여진족은 나날이 성장하였는데, 1636년 누르하치는 국호를 대청(大淸)으로 바꾸었다. 1644년에는 명나라의 군대를 포섭하고 여세를 몰아 산해관(山海關)으로 진입하였으며, 농민군을 진압하고 명나라에 남아있던 지역들을 공격하여 중국을 통일하였다. 1911년 중화민국(中華民國)이 건국되기까지 청나라는 267년 동안 지속되었다.

여진족은 요동 지방에서 시작되어 어획과 사냥을 생업으로 삼았으며, 무(武)를 숭상하고 문(文)을 천대하였다. 내륙 지방에 처음으로 진출했을 때는 무력을 동반하여 농경지를 약탈하거나 훼손하였으며, 자신들의 변발과 복장을 강요하여 기존의 문화를 모욕하였고, 백성들을 탄압함으로써 복종시켰다. 순치제(順治帝)와 강희제(康熙帝)의 시기를 거치고서야 경제와 사회는 전면적으로 회복되고 발전하였다. 이 시기의 문화는 명나라와 청나라 사이의 사상을 검토하는 데에서부터 시작하여 조정의 문화와 제도를 향해 점차 수렴되었다. 이후 한학(漢學)과 송학(宋學)이 유행하게 되는데, 청나라 말기 양무운동(洋務運動)이 전개되는 데에까지 이르면 청나라의 문화는 이전과는 전혀 다른 양상을 드러내게 된다. 이것은 역학 또한 예외가 아니었다.

청나라의 역학 발전이 가지는 주된 맥락은 세 가지이다. 첫째, 왕부지(王夫之) · 황종희(黃宗羲) · 모기령(毛奇齡) · 호위(胡渭) 등에서부터 볼 수 있는 것처럼 청나라 초기는 학문적 검토를 특징으로 한다. 둘째, 『주역절중(周易折中)』·『일강역경해의(日講易經解義)』·『주역술의(周易述義)』·『주역통론(周易通論)』 등의 서적이 편찬된 것처럼 조정의 역학이 나타났다. 셋째, 한학과 송학을 받드는 학문적 경향이 출현하여 혜동(惠棟)·장혜언(張惠言)·초순(焦循) 등 역학에 뛰어난 경학자들이 헤아릴 수 없을 만큼 등장한다. 이외에도 청나라 말기에는 국력이 쇠퇴하게 됨에 따라 전통 학문 속에 서양의 학문이 도입되었으며, 역학의 측면에서도 획기적인 경향이 나타났다. 전반적으로 말하자면 청나라의 역학 저서는 그 숫자가 명나라를 훨씬 뛰어넘으며, 역학은 상수·의리·도서학·고증학·훈고학 등 여러 측면에서 연구가 심오해지고 분석이 세밀해졌다. 청나라의 역학 수준은 이전 시기의 사람들을 뛰어넘은 것으로 중국 고대의 역학 연구가 절정에 이르렀음을 상징한다.

1. 역학에 대한 청대 초기의 검토

(1) 왕부지의 역학

왕부지(王夫之, 1619~1692)는 자가 이농(而農)으로 사람들은 그를 선산선생(船山先生)이라고 불렀으며, 호남(湖南) 형양(衡陽) 지역 사람이다. 그와 고염무(顧炎武)·황종희(黃宗羲) 세 사람은 명나라 말기와 청나라 초기 사이에 위대한 업적을 남긴 대유학자(大儒學者)이다. 왕부지는 난세를 맞이하여 불안한 사회와 정치의 변화를 직접 경험하였고, 명나라에 대한 절개를 지켰으며 청나라를 섬기지 않았다. 그는 평생 산속에 은거하며 저술 작업에 힘을 쏟았고, 당시의 사회·문화·사상의 문제에 대해 매우 깊은 사유를 펼쳤다. 왕부지는 학문과 사상의 측면에서 정주의 이학·육왕의 심학 및 이들 학문이 사회와 사상에 미치는 영향에 대해 비판하였고, 역사의 발전이라는 측면으로부터 송나라에서 명나라까지의 정치적인 흥망성쇠가 가져다주는 교훈을 정리하였다. 그리하여 그는 마침내 시대를 초월하는 대유학자가 되었으며, 종합적이면서도 웅장한 사상체계와 전문적이면서도 방대한 저서로 인해 "주자 이후에 유일한 사람"이라는 평가를 받았다.

왕부지의 역학 저서로는 『주역패소(周易稗疏)』·『주역고이(周易考異)』·『주역외전(周易外傳)』·『주역대상해(周易大象解)』·『주역내전

(周易內傳)』·『주역내전발례(周易內傳發例)』 등이 있다. 그는 역학의 이치를 신봉하였으며, 「계사전」이 몸과 마음을 편하게 만든다고 여겼고, 『주역』의 문장을 마음속으로 세심히 헤아려 밤낮으로 잊지 않았다.

역학의 측면에서 왕부지의 주된 관점은 다음과 같다.

첫째, 그의 역학 연구는 건과 곤을 함께 중시한다는 점을 핵심으로 삼는다. 따라서 건곤은 천지의 상징으로서 덕(德)을 사용하여 괘명을 지은 것이기에 어느 것도 먼저 하거나 뒤에 두는 것이 없다고 생각한다. 괘상에 대해서는 "착종합일(錯綜合一)"이라는 주장을 펼쳤는데, 괘·효·착괘·종괘 등의 괘상을 전체적으로 이해하여 역상(易象)·역수(易數)·역리(易理)을 긴밀하게 연결시켰다. 왕부지가 보기에 『주역』이라는 서적이 이루어진 역사는 통일되어 있기에 복희·문왕·주공·공자 네 사람이 『주역』을 짓고 해설하는 것은 동일한 작업에 속한다. 따라서 그는 주희처럼 『주역』의 저자를 구분해서는 안 된다고 지적한다. 나아가 그는 경방·진단 및 술사(術士)들의 도서학 이론을 비판하기도 하였는데, 그가 주장하는 "점학일리(占學一理)" 사상은 점치는 것과 역학을 배우는 것이 통일되어 있기에 어느 한쪽으로 치우쳐서는 안 된다는 것이다. 이러한 견해는 주희가 "『주역』은 본래 점치는 서적이다."[1]라고 주장했던 내용을 반대한 것이다.

둘째, 음양이기가 태허(太虛) 사이에 가득 차 있고, 태허는 "허(虛)"가 아니라 실제로 존재한다고 생각한다. 설령 형이상의 도(道)라고 할지라도 기(器)에서 벗어날 수 없고, 형이하가 존재해

1) 『朱子語類』, 「易二」, "易本卜筮之書."

야 비로소 형이상도 존재한다는 것이다. 따라서 그는 "천하는 오로지 기(器)일 뿐이다."[2]라고 서술할 뿐만 아니라 세계의 변화는 모두 기의 형태가 변화한 것에 불과하며, 기가 없이는 생존과 소멸·증가와 감소·손해와 이익·시작과 끝이 존재할 수 없다고 제기한다. 이로부터 그는 불교가 산·강·대지를 헛된 것이라고 여기거나 무를 근본으로 삼는 도교의 "숭무(崇無)" 사상을 비판한다.

셋째, 천지는 모두 자연적으로 실존하는 "기(器)"이다. 왕부지가 보기에 세계 속에서 인간의 지위는 "사람이란 천지의 마음이다."[3]라는 것이다. 그는 천지 속에서 사람은 "크게 이룬 것"으로 천지는 자연이고 사람은 천지를 주재하는 인물이며 성인 역시 사람이라고 강조한다. 따라서 그는 본원으로 되돌아가 천지가 생생(生生)하는 이치를 깨달은 인물은 "전인(全人)"이라고 설명한다. 왕부지에 따르면 인간의 본성은 천지의 선한 본성을 품부받았지만 사물의 이치를 궁구하고 본성을 다해야만 "나날이 나타나고 나날이 완성한다.(日生日成)"라고 할 수 있다. 즉 변화 과정 가운데서 끊임없이 나타내고 확장함으로써 지극한 선에 도달한다는 것이다.

넷째, "변화"는 『주역』의 핵심이다. 왕부지는 변화에는 두 가지 방식이 존재한다고 지적한다. 하나는 "홀연히 일어나 급작스럽게 이루어지는 것이 아니라 반드시 점진적으로 밀려가며 진행되는 것이다."[4]라는 점진적인 변화이고, 다른 하나는 일정한 법

2) 『周易外傳』, 「繫辭上傳」, "天下惟器而已矣."

3) 『周易外傳』, 復卦, "人者天地之心."

칙 없이 "때에 따라서 그 아름다움과 선함을 이룬다."[5]를 따르는 것이다. 역학의 이치와 세계가 가지는 공통된 특징은 바로 항상 변화하고 나날이 왕성해진다는 것이다. 이로부터 그는 명나라가 멸망한 원인과 정치적 득실의 문제에 대해 명확히 정리하였으며, 변화의 이치에 대한 중시를 강조하였다. 특히 왕부지는 『주역』 속의 "우환(憂患)"을 확신하였으며, 위정자란 온 힘을 다해 나라를 다스리고 덕정(德政)을 시행해야 한다고 경계하였다.

정리하자면 왕부지의 역학은 명나라의 멸망이라는 무거운 주제를 포함하고 있다. 이론의 측면에서는 철학과 비판이 뛰어났으며, 경세치용(經世致用)과 학용일체(學用一體)를 강조하고 있다. 왕부지의 역학 사상은 매우 뛰어날 뿐만 아니라 역학사에서도 매우 중요한 지위를 차지하고 있는데, 그를 의리 역학의 대가라고 지목해도 손색이 없을 것이다.

(2) 황종희와 황종염의 역학

황종희(黃宗羲, 1610~1695)는 자가 태충(太沖)이고 호는 남뢰(南雷)인데, 사람들은 그를 이주선생(梨州先生)이라고 불렀으며 소흥(紹興) 여요(餘姚) 지역 사람이다.[6] 황종희는 학문을 게을리하지 않았고, 명나라 말기의 유명한 사상가인 유종주(劉宗周)를 스승으로 모셨다. 황종희는 자신의 동생 황종염(黃宗炎) · 황종회(黃宗會)

4) 『周易內傳』, 損卦, 初九, "非驟然而遽成, 必以漸爲推移."

5) 『周易內傳』, 「繫辭上傳」, "隨時以致其美善也."

6) 지금의 절강성 여요(餘姚) 지역을 가리킨다.

와 함께 "절동삼황(浙東三黃)"이라고 불렸으며, "중국 사상 계몽의 아버지"라고 칭송받았다. 그의 역학 저서로는 『역학상수론(易學象數論)』이 있다.

황종희는 주희와 왕양명의 학문을 동시에 채택하고, 경학과 역사학을 결합함으로써 경세치용할 것을 주장하였다. 역학의 측면에서는 한나라에서 명나라에 이르기까지의 상수 역학 저서들과 관점들을 체계적으로 고증하고 분석하였으며, 원래의 모습을 찾아내어 잘못된 부분을 지적하였다. 그의 역학이 가지는 주된 특징으로는 두 가지가 있다. 첫째, 그는 의리를 중시하고 상수를 비판하여 왕필 · 공영달 · 정이 등의 역학을 "이치가 세밀하고 언어가 정미하다."라고 여겼다. 반대로 경방 · 이정조 · 진단과 주희의 역학은 역학의 올바른 노선을 벗어난 것으로 마땅히 비판해야 한다고 생각하였다. 황종희는 도서 역학의 잘못에 대해서도 교정하기 위해 노력하였는데, 특히 하도와 낙서에 얽매인 경전의 해석 방법에 대해 반대하였다. 역학의 측면에서는 겉으로 비슷해 보이지만 실질적으로는 다른 현상들을 분명히 밝히는 동시에 『주역』에 대한 잘못된 논조들을 지적하고 바로잡았는데, 이것은 이론적 검증과 현실적 비판이라는 특성을 가지고 있다. 둘째, 황종희는 "상을 관찰하고 이치를 밝힌다.(觀象明理)"라고 주장하여 『주역』은 팔괘(八卦)의 상 · 육획(六劃)의 상 · 상형(象形)의 상 · 효위(爻位)의 상 · 반대(反對)의 상 · 방위(方位)의 상 · 호체(互體)의 상 등 일곱 가지 상을 가지며, 괘상 · 괘사 · 효사를 결합함으로써 의리를 밝혀야 한다고 생각한다. 그의 견해에 따르면 천지의 고금은 모두 하나의 기가 아닌 것이 없으며, 음양이기는 우주와 만물의 본원이 된다. 나아가 태극은 기에 의거하지만 음양이 나누어지지 않은 상태로서 태극과 음양은 선후가 없이 공생하는 관계라고 주장한다.

황종희의 역학이 미친 가장 큰 영향은 도서 역학과 상수 역학에 대한 비판에 있다. 그의 역학은 송나라의 도서 역학에 대한 비판적 사조를 불러일으켰는데, 황종염·모기령·호위 등이 여기에 속하는 대표적인 인물이다.

황종염(黃宗炎, 1616~1686)은 자가 회목(晦木)으로 사람들은 그를 자고선생(鷓鴣先生)이라고 불렀으며, 『주역상사(周易象辭)』·『심문여론(尋門餘論)』·『도서변혹(圖書辨惑)』을 저술하였다. 황종염은 의리 역학의 이치를 견지하여 육경(六經)과 공자의 사상으로 되돌아갈 것을 주장하였다. 다른 한편으로는 상수 역학과 도서 역학을 반대하여 주희 등 송나라 유학자들의 학문을 비판하고, 동시에 불교와 도교 또한 배척하였다. 황종염의 역학이 가지는 가장 큰 특징은 바로 한나라의 허신이 저술한 『설문해자(說文解字)』에 근거하여 『주역』을 해석한다는 것이다. 비록 어떤 부분은 부족한 점이 있지만 어원·의미·용례를 파고 들어가는 점은 두말할 것도 없이 독특한 모습을 갖추고 있다.

(3) 모기령과 호위의 역학

모기령(毛奇齡, 1623~1716)은 자가 대가(大可)이고 호는 추청(秋晴)으로 사람들은 그를 서하선생(西河先生)이라고 불렀으며, 소산(蕭山) 상진(廂鎭) 지역 사람이다.[7] 모기령은 어려서부터 총명하여

"신동"으로 불렸으며 학식이 풍부하면서도 고집이 세었는데, 넓은 지식으로 논쟁을 즐겨하였으며 창의적인 견해들을 내보이고는 하였다. 그는 『중씨역(仲氏易)』·『추역시말(推易始末)』·『춘추점서서(春秋占筮書)』·『역소첩(易小帖)』·『역운(易韻)』·『하도낙서원천편(河圖洛書原舛編)』·『태극도설유의(太極圖說遺議)』 등 다양한 역학 저서들을 저술하였다.

모기령의 역학이 가지는 특징은 고증과 진위에 대한 변별을 중시하며, 참신한 이론들을 전개하고 다양한 논의를 시도한다는 데에 있다. 그의 학문 가운데 가장 중요한 지점은 도서 역학과 선천·태극의 설을 체계적으로 고증한 것이다. 그의 학문은 도학(道學)에 반대하였기에 마융과 정현 등 한나라의 역학 이후에 등장하는 왕필과 송나라의 역학은 모두 견강부회하며 황당하여 분명하지 않다고 여겼다. 그는 역사적인 고증을 거친 뒤에 하도와 낙서는 진단이 "대연(大衍)"에 대한 정현의 관점을 잘못 이해하면서도 위조한 것이고, 태을구궁설(太乙九宮說)에 억지로 끼워넣은 것이라고 지적하였다. 또한 송나라의 "선천도"와 "태극도"는 도가·도교로부터 날조해낸 것이라고 주장하였다. 그리하여 그는 주희는 물론이고 정주 이학 전체를 비판의 대상으로 삼았으며 정주 이학의 정통성을 부정하였다.

호위(胡渭, 1633~1713)는 자가 비명(朏明)이고 절강 덕청(德淸) 지역 사람이다. 그는 어려서부터 학문에 몰두하였으며, 나이가 들어서는 서적을 편찬하는 작업에 여러 차례 참여하여 천하의 다양한 서적들을 두루 살펴볼 수 있었다. 『역도명변(易圖明辨)』은

7) 지금의 절강성 소산(蕭山) 부근을 가리킨다.

그가 이전 시대 사람들의 관점을 종합하여 도서 역학의 내용·기원·진위를 상세히 규명한 서적이다. 호위는 송나라의 하도와 낙서 및 여기에서 연역되어 나온 내용들은 기본적으로 억측이라고 생각한다. 따라서 『역전』 가운데의 "하도"와 "낙서"는 일종의 상서로운 물건에 불과하며, 『주역』을 해석하는 근거가 될 수 없다고 지적하였다. 이에 바탕하여 그는 송나라의 진단·소옹·주희의 상수 역학과 도서 역학을 배척하였으며, 『역경』이 점치는 서적이라는 점을 인정하였다. 하지만 이는 고대에 『역경』이 수행했던 기능에 불과한 것으로 문왕과 공자를 거치면서 사람의 도를 세우고 인의(仁義)를 핵심으로 삼는 서적이 되었다고 강조한다. 따라서 호위는 도서 역학을 근절하고 정이와 같이 의리의 각도에서 『주역』을 해석하는 것이 정확한 방법이라고 주장한다.

청나라 초기에 황종염·모기령·호위로 대표되는 학자들은 도서 역학을 대대적으로 배척하였으며, 진단·주돈이·소옹·주희 등의 도서 역학이 도교의 사상과 이론에서 나온 것이지 유가의 전통이 아님을 논증하였다. 이는 주희의 이학에 대한 당시 사상계의 반성적인 태도로서 이학을 반성하고 경학으로 되돌아간 것이며, 실학을 추앙하는 청나라 초기의 사조를 더욱 촉진시켰다.

2. 청대 조정의 역학

청나라의 순치제(順治帝)가 즉위함에 따라 문화와 교육은 흥성하게 되었다. 이 시기에는 유가와 도가가 중시되고 경학을 근본으로 삼았으며, 경연(經筵)을 실시하고 학자들을 초청하여 유가 경전에 대해 강학하도록 하였다. 1657년에는 순치제가 부이점(傅以漸)과 조본영(曹本榮)에게 『역경통주(易經通注)』를 편찬하도록 칙명을 내렸는데, 이로부터 조정이 주도하는 역학의 연구와 활동이 시작되었다. 그 결과 청나라의 정치 사상을 공고히 만들었을 뿐만 아니라 동아시아와 동남아시아의 일부 국가들에게도 영향을 미치게 되었다.

(1) 『역경통주』

『역경통주(易經通注)』는 1658년 편찬되었다. 부이점(傅以漸, 1609~1665)은 자가 어반(於磐)이고 호는 성암(星岩)이며, 산동 료성(聊城) 지역 사람으로 청나라 조정에서 첫 번째로 장원급제를 하였다. 조본영(曹本榮, 1621~1665)은 자가 흔목(欣木)이고, 호북 황강(黃岡) 지역 사람으로 순치 6년 진사에 급제하여 한림원(翰林院)의 서길사(庶吉士)가 되었다. 순치제는 부이점과 조본영에게 명나라와 그 이전의 역학 저서 및 경전을 정리하고 번잡한 것을 삭제하며, 여러 학자들의 이론을 절충하여 화려하면서도 실제가 있는 역학 서적을 편찬하도록 칙명을 내렸다.

부이점과 조본영 등 『역경통주』의 편찬자들은 한나라에서 명나라까지의 여러 판본들을 선택하고 그 가운데서 절충안을 채택하였는데, 왕필과 공영달의 주소(注疏)를 집중적으로 참고하되 정이와 주희의 역학을 추앙하였다. 그들은 『역경통주』에서 "천도는 멀지만 밝히지 않을 수 없고, 인사는 어지럽지만 근거할 수 있는 것을 살펴야 한다."[8]라고 하여 천지와 자연·인류와 사회의 미묘한 이치를 탐구함으로써 몸을 닦고 나라를 다스리며, 인륜과 일상생활에 활용해야 한다는 점을 강조하였다. 그들은 『역경통주』의 정치적 배경에 바탕하여 "천하를 바로잡으려면 반드시 먼저 자신을 바로 잡아야 한다."[9]라고 지적하였으며, 통치자는 마땅히 "스스로 밝은 덕을 밝힌다."[10], "두려워하여 몸을 닦고 돌아본다."[11]를 통해 덕행을 증진하고 개과천선해야 한다고 지적하였다. 이외에도 『역경통주』는 군주와 신하·군주와 백성의 관계 및 사회적 통치에 대한 청나라 초기 문인들의 구체적인 사고들을 드러내었다.

(2) 『일강역경해의』

청나라 강희제가 친히 정치를 살핀 이후, "문화와 교육을 우선시한다."라는 통치 사상을 반포하고 유학을 체계적으로 학습

8) 『易經通注』, 「進易經通注表」, "天道遠而無不可明, 人事紛而悉有可據."

9) 『易經通注』, 屯卦, 初九, 「象傳」, "正天下必先正已."

10) 『周易』, 晉卦, 「象傳」, "自昭明德."

11) 『周易』, 震卦, 「象傳」, "恐懼脩省."

하도록 하였다. 그는 순치제가 시작한 경연일강(經筵日講)의 전통을 이어나갔으며 한층 더 보완하였는데, 『일강역경해의(日講易經解義)』는 1680년에 편찬을 시작하여 1683년에 완성이 되었다. 편찬자는 우뉴(牛鈕)·손재풍(孫在豊)·장영(張英)·서건학(徐乾學) 등 당시 유명한 신하와 학자들이었으며, 그 수준은 『역경통주』를 크게 웃돌았다.

강희제는 『일강역경해의』에서 “경학으로 나라를 다스린다.”[12] 라고 주장하여 고대의 제왕들이 나라를 다스렸던 핵심은 경학에 있었다고 여겼다. 여기에서 『주역』은 여러 경전들 가운데 가장 정교하고 뛰어난 기능을 가지고 있으며, 나라를 다스리는 데에 중요한 전적이라고 파악한다. 『일강역경해의』는 이학을 존숭하는 조정의 입장에 따르며, 송나라의 역학적 성과를 매우 중시하여 정이와 주희의 역학을 핵심으로 한다. 『일강역경해의』는 『주역』이란 천지를 관찰하여 지은 것으로 천지의 이치를 반영하고 있으며, 자연과 만물의 이치는 모두 태극의 도에 통일되고 역학의 이치 속에 포함된다고 생각한다. 따라서 인간의 도는 하늘의 도가 되며, 인간은 하늘의 도가 가지는 법칙을 본받아야 하고, 인간의 본심과 하늘의 본심을 동일하다고 주장한다. 여기에서 성인과 같은 인물은 마음을 깨끗이 하고 재계하여 실용적인 수양 공부를 강화하며, 선한 본성을 드높이는 동시에 사악한 정욕을 억제함으로써 덕성을 드러내고 백성을 진작시키며 건전한 사회적 분위기를 이루어낸다. 따라서 『일강역경해의』는 실질적으로 제왕의 학문을 언급하는 저서로서 편찬의 목적은 합리적인

12) 『日講易經解義』, 「御製日講易經解義序」, “以經學爲治法.”

이념과 이론을 구축하고, 경세치용·문화와 교육으로 정치를 시행한다는 관점의 이론적 배경을 다지는 데에 있다.

(3) 이광지와 『주역절중』

『주역절중(周易折中)』은 강희제의 칙명에 의해 이광지가 책임을 지고 편찬한 서적으로 많은 사람들이 편찬 과정에 참여하였다. 사상의 측면에서 『주역절중』이 가지는 가장 큰 특징은 주희를 추앙함과 동시에 정이와 소옹의 역학을 인정한다는 것이다. 따라서 편성의 측면에서 『주역본의』를 가장 앞에 두고, 정이의 『정씨역전』을 그 다음으로 하였으며, 다른 유학자들의 역학적 관점을 가장 마지막에 두었다. 비록 몇몇 구체적인 해석의 측면에서 정이와 주희의 견해는 완전히 일치되지는 않지만 『주역절중』의 기본적인 태도는 정이와 주희를 종합하고, 엄밀하게 연구하여 절충함으로써 가장 합당한 해석 방법을 찾아내는 것이다.

『주역절중』은 청나라 정부가 나라를 다스리는 사상으로 정주이학을 선택하는 과정 속에서 편찬된 서적이었다. 따라서 왕권이 절대적인 영향을 미쳤고, 편찬자들은 권력의 눈치를 볼 수밖에 없었다. 나아가 구조와 형식의 측면에서도 개방적이지 못했을 뿐만 아니라 여러 신하들이 함께 편찬했음에 불구하고 사상적으로 새로운 견해들을 표출해내기 어려웠다. 따라서 이 서적의 특징은 이전 시기의 역학을 나타내는 데에 있는 것이 아니라 정치 역학이라는 형식을 구축하는 데에 있다. 즉 『주역』의 괘효사를 해석할 때에 국가의 통치 및 정치적 운영과 관련된 논의를 명확히 전개한다는 것이다. 예를 들어 역학의 측면에서 "양을 높이고 음을 낮춘다.(尊陽抑陰)"는 관점에서부터 정치적 계급과 가족의 윤리 가운데 존재하는 존비·상하의 관계를 강조하는 것을 들 수 있다. 또한 정괘(鼎卦)로부터 당시의 정치가 어떻게 하면 사회의 번영과 흥성함을 유지하고 정치적인 안정을 누릴 수 있는가를 토론한 것이나 수괘(需卦)로부터 백성들의 휴양생식(休養生息)이 가지는 중요성을 언급한 것을 들 수도 있다. 『주역절중』은 나라를 다스리기 위해서는 백성들의 생활과 사업이 가지는 이익과 폐단을 알아야 하며, 정치란 반드시 분명히 캐묻고 세심히 살핀 후에 명령을 내려 시행해야 한다고 강조한다.

『주역절중』의 편찬을 책임진 이광지(李光地, 1642~1718)는 자가 진경(晉卿)이고 호는 후암(厚庵)이며, 별호는 용촌(榕村)으로 천주(泉州) 안계(安溪) 지역 사람이다. 그는 한 명의 역학자로서 『주역통론(周易通論)』·『주역관단(周易觀彖)』을 비롯한 다양한 역학 문장들을 저술하였다. 그의 역학은 반듯하고 정통하며 의리를 전문적으로 다루고 상수를 간략히 하는데, 송나라의 유학을 답습하였기에 "질박한 학문은 근본이 있고, 역학적 이치는 정미하고 상세하다."[13]라고 평가받으며 강희제로부터 신임을 얻었다.

13) 『周易折中』, 「御纂周易折中序」, "素學有本, 易理精祥."

3. 건가 시기의 역학

건륭제(乾隆帝)와 가경제(嘉慶帝)의 시기 학술계에서는 한나라의 학문과 방법을 추앙하는 흐름이 나타났다. 즉 후대 사람들이 말하는 "한학(漢學)"이다. 그들의 학문은 문자 · 음운 · 교감 · 고증과 해석 등을 중시하였으며, 훈고의 측면으로부터 의리를 밝히는 것은 한학을 존숭하는 학자들의 공통된 이념이었다. 이와는 반대되는 것은 의리를 밝히고 『주역』의 내재적 함의를 해석하는 데에 중점을 둔 "송학"으로 많은 학자들은 송나라의 정주 역학을 추앙하였다. 청나라 중후기에 이르면 한학과 송학이 합류하려는 경향이 출현하는데, 이는 많은 학자들이 채택하는 학문 방법이 되었다.

(1) 혜동의 역학

혜동(惠棟, 1697~1758)은 자가 정우(定宇)이고 호는 송애(松崖)로 사람들은 그를 소홍두선생(小紅豆先生)이라고 불렀으며, 청나라의 강소 원화(元和) 지역 사람이다.[14] 혜동은 어려서부터 가문의 학문을 전수받았으며 서적을 좋아하였는데, 특히 경학과 역사학에 뛰어났고 불교와 도가에 대해서도 관심을 가졌다. 그는 역학 저서를 저술하는 데에도 매진하여 『주역술(周易述)』 · 『역한학(易漢

14) 지금의 강소성 소주(蘇州) 지역을 가리킨다.

學)』·『주역고의(周易古義)』·『주역본의변증(周易本義辨證)』·『신본정씨주역(新本鄭氏周易)』 등 다양한 저서들을 편찬하였다.

혜동의 역학은 깊은 사상과 탁월한 성과를 가지고 있다. 그는 문자·훈고·진위의 판별·경학의 각도로부터 송나라의 경학과 의리 역학이 표현하는 내용들은 충분한 근거가 부족하다고 비판하였으며, 낭설에 불과하다고 보았을 뿐만 아니라 도서 역학은 송나라의 유학자들이 자의적으로 만들어낸 것이라고 지적하였다. 혜동은 한나라의 학술과 연구 방법을 추앙하여 소학(小學)에서는 경전을 연구하고, 문자·음운·훈고의 각도로부터 『주역』을 해석해야 하며, 『주역』에 대한 완전한 해석 체계를 얻기 위해서는 한나라의 상수 역학에 대한 충분한 이해가 동반되어야 한다고 주장하였다. 비록 그는 『주역』이 점치는 서적이라는 점을 인정하지만 천지의 화육에 참여하는 서적이라는 점을 더욱 강조하여 "원형이정(元亨利貞)"이 역학의 정신을 압축한 것이자 『주역』의 절대적 사상이라고 생각하였다. 혜동의 경학이 가지는 또 다른 특징은 학문이 매우 깊고 넓기에 『주역』을 해석할 때에 고대의 주소(注疏)에 근거하여 설명하는 경우가 많다는 것이다. 그는 수많은 경서·역사서·제자백가서·문집 속의 자료들을 선별하여 『주역』에 대한 해석을 시도하였으며, 천문학·역법·율려·문물 제도 등 다양한 측면의 지식들을 흡수함으로써 하늘을 본받고 백성들을 교화시키는 학문을 건립하고자 시도하였다.

혜동의 학문은 청나라 초기의 학술적 방법·사상·취지가 성숙화되고 고착화되었음을 의미하며 청나라 학자들에게 매우 큰 영향을 미쳤다. 당시 많은 학자들의 경학 연구는 모두 혜동의 학문에 바탕하였는데, 혜동 및 그의 학문을 추종하는 인물들을 "오파(吳派)"라고 불렸으며 혜동은 이 학파의 종사(宗師)가 되었다. 혜동의 역학적 기원은 그의 할아버지와 아버지에게 있다. 그의 할아버지 혜주척(惠周惕)은 자가 원룡(元龍)으로 사람들은 그를 홍두노인(紅豆老人)이라고 불렀다. 그는 역학에 정통하였으며 『역전(易傳)』을 저술하였다. 아버지 혜사기(惠士奇)는 자가 천목(天牧)이고 사람들은 그를 홍두선생(紅豆先生)이라고 불렀다. 그는 독서를 좋아하고 시문에 능하였으며 저서로는 『역설(易說)』이 있다.

(2) 장혜언과 주준성의 역학

장혜언(張惠言, 1761~1802)는 자가 고문(皐文)·고문(皐聞)이고 호는 명가(茗柯)이며, 무진(武進) 지역 사람이다.15) 그는 어려서부터 배움에 부지런하여 다른 업무를 제쳐두고서라도 학문에 열중하였다. 경학적인 성취 이외에도 작문에 능하였기에 후에 상주사파(常州詞派)의 창시자가 되었다. 역학 저서로는 『주역우씨의(周易虞氏義)』·『주역우씨소식(周易虞氏消息)』·『우씨역사(虞氏易事)』·『우씨역례(虞氏易禮)』·『우씨역후(虞氏易候)』·『역의별록(易義別錄)』·『주역정순의(周易鄭荀義)』·『주역순씨구가역(周易荀氏九家易)』·『역도조변(易圖條辨)』·『역위약의(易緯略義)』 등이 있다.

장혜언의 역학 저서를 보면 그의 역학이 한나라 우번의 역학에 대한 연구와 설명에 중점을 둔다는 점을 알 수 있다. 그는 혜동이 옛날 학자들의 역학을 고증하기 시작한 뒤로부터 학자들

15) 지금의 강소성 상주(常州) 지역 일대이다.

대다수는 맹희·경방·순상·정현의 학문을 설명하였지만 우번의 역학에 대해서는 미진하였다고 생각하였으며, 우번의 역학을 연구하는 데에 온 힘을 쏟았다. 장혜언은 우번의 역학 가운데 가장 큰 특징이라고 할 수 있는 "역상(易象)"을 중심으로 고증하고 변별함으로써 송나라 왕응린·청나라 혜동 등의 잘못과 오해를 바로잡았으며, 다른 한편으로는 우번의 상을 미루어서 일에 대응시키는 이론을 깊이 탐구하여 방통·괘기·승강·비복·납갑·오행·호체 등 우번의 역학 체계를 자세히 정리하였다. 그는 역상이란 『주역』을 해석하는 방법일 뿐만 아니라 역상이 나타내는 길흉과 화복은 인사의 득실을 반영하고 있으며, 현실 생활과 밀접한 관련을 가진다고 생각한다. 또한 그는 황종희·모기령·호위 등의 견해에 동의하여 소옹의 역학이 도가와 도교에서 기원하기에 『주역』의 해석을 어지럽혔다고 비판하였다.

혜동과 장혜언 이외에도 한학을 중시하는 역학자로는 주준성(朱駿聲, 1788~1858)이 있는데, 그는 매우 특색있는 역학자이다. 주준성은 자가 풍기(豐芑)이고, 호는 윤천(允倩)이며, 강소 원화(元和) 지역 사람이다. 그는 문자학의 대가인 동시에 경학에 대해서도 박학하고 능숙한 인물로서 『육십사괘경해(六十四卦經解)』·『역정씨효진광의(易鄭氏爻辰廣義)』·『역경전호괘액언(易經傳互卦卮言)』·『역장구이동(易章句異同)』·『역소식승강도(易消息升降圖)』·『학역차기(學易箚記)』 등을 저술하였는데, 여러 학자들의 이론을 종합적으로 고찰하고 장점과 단점을 상세히 논술하였다. 또한 문장을 훈고할 때에는 반드시 그 근원을 찾아 고대 전적의 의미와 역사를 폭넓게 인용하고 사회와 인사의 측면에서 분명히 밝혀야 한다그 주장하였다.

(3) 호훈과 『주역함서』

호훈(胡煦, 1655~1736)은 자가 창효(滄曉)이고 호는 자현(紫弦)이며, 하남 광산(光山) 지역 사람이다. 그는 학문을 좋아하고 시와 고문에 능하며 경전에 정통하였는데, 특히 역학에 뛰어났다. 역학 저서로는 『주역함서약존(周易函書約存)』·『주역함서약주(周易函書約注)』·『주역함서별집(周易函書別集)』·『역학수지(易學須知)』·『복법상고(卜法詳考)』 등이 있다.

호훈은 육경이 모두 공자가 지은 것이고 다른 경전들을 불완전하고 번잡한 것이라고 여겼는데, 따라서 역학 역시 공자에게로 절충해야만 하였다. 이로부터 그는 역학적 이치를 드러내는 데에 방해가 되는 세 가지의 방법을 비판한다. 첫째는 과거 시험을 치고 출세를 하기 위해 『주역』을 공부하는 것이고, 둘째는 『주역』을 점치는 책으로 간주하여 배우지 않는 것이며, 셋째는 『주역』을 존중하지 않고 제멋대로 억측하는 것이다. 호훈이 보기에 『주역』은 몇 가지 특징을 지닌다. 첫째, 『주역』은 도를 전달하는 서적인 동시에 성인의 도가 들어 있는 근본이다. 둘째, 박문약례(博文約禮)의 서적으로 인사와 친밀하고 천하의 도를 포괄하기에 "제자백가와 역사가 모두 『주역』의 지류(支流)이다."[16] 라고 말할 수 있다. 셋째, 격물(格物)과 궁리(窮理)의 서적으로 태극의 이치를 규명하고 음양이 변화하는 뜻을 볼 수 있으며, 천

16) 『周易函書別集』, 「易學須知」, "子史百家皆周易之支流."

지와 만물의 변화에 대해 가장 잘 설명할 수 있다. 넷째, 천인합일(天人合一)의 서적으로 『주역』과 천지는 그 기원을 함께하며 인간과 하늘이 일치되고 통일된 관계라는 점을 밝힌다. 다섯째, 인간의 본성을 말하는 서적으로 천리는 움직이지 않지만 인간의 본성은 욕심과 습관에 가려지기 때문에 사악함을 방비하고 정성됨을 보존해야 한다. 여섯째, 천지의 화육에 참여하는 서적으로 만물을 이롭게 만들고 도와주는 등의 현묘한 이치를 포함하며, 사람들이 세계를 인식하는 데에 있어 선도적인 역할을 담당한다.

정리하자면 호훈은 『주역』이 전지전능한 서적이라고 생각하였다. 따라서 『주역』 속에 등장하는 역사 · 의리 · 문장 · 활용 등을 깊이 연구하였으며, 고증을 전문적으로 수행하는 한학과 이치를 중시하는 송학으로부터 벗어나 역학적 이치를 둘러싸고 탁월한 해석을 시도하였다.

(4) 초순의 역학

초순(焦循, 1763~1820)은 자가 이당(理堂)이고 강소 감천(甘泉) 지역 사람이다.[17] 그는 학자 집안에서 태어났기에 가족의 구성원들이 역학을 연구하는 분위기를 띠었는데, 어려서부터 유가의 경전과 제자백가의 서적들을 섭렵함으로써 학문의 기초를 닦았다. 초순은 여러 차례 과거 시험에 낙방한 끝에 학문의 연구르 전향하여 저술 작업에 몰두하였으며, 경학 · 역사학 · 문학 · 산술 · 소학[18] · 천문학 · 역법 · 의학 등의 영역에서 높은 성과를 거두

17) 지금의 강소성 한강(邗江) 지역 일대를 가리킨다.

었다. 그는 『조고루역학삼서(雕菰樓易學三書)』(『역장구(易章句)』·『역도략(易圖略)』·『역통석(易通釋)』)·『역화(易話)』·『역광기(易廣記)』·『주역보소(周易補疏)』·『주역일기(注易日記)』 등 다양한 역학 저서들을 저술하였는데, 여러 학파들을 고찰함으로써 독자적인 체계를 세웠다. 그의 경학 연구 가운데서 역학적 성취는 가장 두각을 드러낸 분야이다.

초순의 역학이 가지는 특징은 주로 아래와 같이 정리할 수 있다. 첫째, 그는 『주역』의 시작과 유행이 점술과 떨어질 수 없는 관계라고 이해하며, 점친 내용은 고대 성인이 백성을 교화했던 방법이었다고 생각한다. 이로부터 초순은 "원(元)·형(亨)·리(利)·정(貞)·길(吉)·흉(凶)·회(悔)·린(吝)·려(厲)·부(孚)·무구(無咎)"라는 "십이언역교(十二言易教)"를 주장하여 사람들에게 『주역』을 배우도록 권하였다. 그는 『주역』이 욕심을 제거하고 인의를 품으며 잘못을 고쳐 선으로 향하는 서적이라고 지적한다.

둘째, 방통(旁通)·상착(相錯)·시행(時行)이라는 세 가지 원칙을 준수한다. 초순은 이 세 가지가 모두 『역전』에서 나온 것이며, 공자의 말이라고 생각한다. "방통"은 한나라 우번의 이론을 보완하고 수정한 것으로 방통하는 괘는 음양이 서로 반대되고 강과 유가 서로 바뀌며, 순서에 따라 행하되 각각 그 위치를 바로잡는 것이다. "상착"은 『주역』 육십사괘의 논리 구조와 상호 관계에 대한 해석으로 초순은 육십사괘는 팔괘가 둘씩 자리를 바꾸어가며 이루어진 것이라고 여겼으며, 착종(錯綜)과 종횡(縱橫)으로

18) [역자주] 이곳에서 말하는 소학(小學)이란 문자학·훈고학·음운학을 의미한다.

부터 『주역』을 이해할 수 있다고 보았다. “시행”에 대해 초순은 변통(變通)이 곧 시행이며, 시행이 바로 원형이정을 견지하는 것이라고 여겼는데, 육십사괘를 하나로 간주하고 체계적인 관념 속에서 『주역』의 구체적인 문장 속에 포함된 역학적 이치를 해석하는 것이다.

셋째, 초순은 『주역』을 해석할 때에 수학·천문학·역법·문자학·음운학 등을 폭넓게 인용한다. 또한 서양에서 건너온 자연과학적 지식을 도입하여 역학 연구의 측면에 창의적으로 활용하기도 하였다.

초순의 역학은 수많은 영역을 다루고 있기에 한학과 송학의 시각에서 그의 역학을 평가할 수 없다. 그의 역학이 나타내는 독창성과 다양성으로 말하자면 독자적인 학파를 이루었다고 말할 수 있다.

4. 청대 말기 및 중화민국 시기의 역학

청나라 말기는 국운이 쇠퇴하여 형세가 점점 나빠졌다. 국내외적으로 어려움을 겪고 있던 청나라 정부는 사회의 격변기를 맞이하여 문화 · 경제 · 정책의 측면에서 수습을 시도하였으나 쌓여온 것들을 되돌릴 수 없었고, 중화민국(中華民國) 정부로 대체되었다. 이 시기에 전통적인 경학은 계속 이어져 절개를 지켰으며, 서양 학문은 확산되어 변화 속에서 살아남았다. 이로써 중국인들은 수천 년 동안 겪지 못했던 변화를 맞이하였다. 이 시기의 역학은 환경 변화의 축소판이라고 할 수 있다.

(1) 유월과 장태염의 역학

유월(兪樾, 1821~1907)은 자가 음보(蔭甫)이고 호는 곡원거사(曲園居士)이며, 절강성 덕청(德淸) 지역 사람이다. 청나라 말기의 유명한 문학가 · 경학자 · 고문학자 · 서예가로 『역관(易貫)』 · 『완역편(玩易篇)』 · 『간환역설(艮宦易說)』 등의 역학 저서들을 저술하였다. 그의 역학 저서들은 대부분 『춘재당전서(春在堂全書)』 속에 흩어져 있다.

유월의 역학은 고증학과 훈고학을 기반으로 하되 상수 역학과 의리 역학을 모두 수용하였다. 그는 도서 역학의 가치 또한 완전히 부정하지 않으며, 때에 따라서 적절하게 변통해야 한다는 해석 방법을 주장하였다. 유월은 『주역』 이전에 『연산』과 『귀장』이 실존했다고 여겼으며, 『주역』 가운데 등장하는 역상(易象)을 연구하기 위해서는 마땅히 호체 · 방통 · 괘변 등의 한나라 역학을 참고해야 한다고 확신하였다. 나아가 『주역』의 핵심은 변화의 이치를 밝히는 데에 있고, 그 목적은 인사에 도움을 주는 데에 있다고 보았으며, 『주역』을 공부하려면 그 속에 포함되어 있는 교훈을 탐구해야 한다고 주장하였다.

장태염(章太炎, 1869~1936)은 자가 병린(炳麟)이고, 절강성 여항(餘杭) 지역 사람이다. 장태염은 젊은 시절 항주(杭州) 고경정사(詁經精舍)에서 유월을 스승으로 모셨으며, 이후 청나라 정부를 전복시키는 혁명 활동에 참가하였다가 학문 연구와 교육 사업으로 전향하였다. 그는 경학자이자 사상가였으며, 역학의 측면에서도 상당히 특색있는 이론들을 전개하였다. 그는 "글자란 실증적이어야 하고 헛된 이야기를 해서는 안 된다. 말이란 마음으로 얻어야 하며 기존의 학설에 얽매여서는 안 된다."라고 강조하여 문자학 · 음운학 · 문헌학의 각도로부터 『주역』을 연구하였으며, 「수어교불범난행야(需於郊不犯難行也)」 · 「수불진야(需不進也)」 · 「팔괘석명(八卦釋名)」 등과 같은 여러 논문을 집필하였다.

장태염은 이전 시기 역학자들에 대해 의문을 제기하였는데, 역상에 대한 역대 학자들의 이론은 『좌전』과 『국어』에 기록된 점친 사례들로부터 영향을 받았기 때문에 잘못된 부분이 많다고 생각하였다. 그는 이러한 것들이 단순히 점친 사례에 불과하며 『주역』을 연구하는 데에 사용되어서는 안 된다고 판단한다. 또한 "『주역』에 대해 말하자면 철학을 토론하는 것처럼 보이지만 실제로는 고대의 사회학이다."라고 하여 『주역』 속에 역사의 핵심이 내함되어 있다고 보았다. 즉 『주역』 속에는 인류가 간단함에서부터 복잡함을 구축하고, 원시 시대에서부터 국가를 확립하는 사회 진화의 과정이 반영되어 있다는 것이다. 이외에도 장태염은 『주역』을 해석할 때에 불교를 응용하기도 하는데, 역학에 대한 그의 관점들은 일반인들과 다른 지점이 분명히 존재한다. 하지만 이러한 이론들은 그가 주장했던 사회진화론과 마찬가지로 견강부회하는 부분이 존재한다.

(2) 상병화와 항신재의 역학

상병화(尙秉和, 1870~1950)은 자가 절지(節之)이고 호는 석연도인(石煙道人)·자제노인(慈濟老人)이며, 하북성 행당(行唐) 지역 사람이다. 상병화는 근대 역학의 대가로서 『주역상씨학(周易尙氏學)』·『주역고서고(周易古筮考)』·『좌전국어역상석(左傳國語易象釋)』·『초씨역림주(焦氏易林注)』·『초씨역고(焦氏易詁)』·『주역시훈괘기도역상고(周易時訓卦氣圖易象考)』·『연산귀장괘명괘상고(連山歸藏卦名卦象考)』·『역주(易注)』·『역림평의(易林評議)』·『독역우득록(讀易偶得錄)』·『태현서법정오(太玄筮法正誤)』·『동림서안(洞林筮案)』·『곽박동림주(郭璞洞林注)』·『역괘잡설(易卦雜說)』·『역서괘험집존(易筮卦驗集存)』·『주역도략론(周易導略論)』 등을 저술하였다.

상병화는 상수 역학에 대한 연구를 특히 중시하였다. 그는 『초씨역림』을 심도 있게 연구하여 저자가 서한 시기의 초연수임을 고증하였으며, 『초씨역림』를 통해 송나라 역학 속에 등장하는 선천의 괘상과 선천의 괘수는 이미 서한 시기 초연수가 사용했었음을 지적하였다. 그는 『초씨역림』과 『주역』을 대조함으로써 동한 시기의 사람들이 『주역』을 해석할 때에 습관적으로 오해하거나 두루뭉술하게 표현하는 것들을 발견하는 등 일반 사람들이 찾기 어려운 문제들을 밝혀내었다. 상병화는 『초씨역림』과 『주역』을 대조하는 과정 속에서 백이십여 개의 상(象)에 대한 규칙을 정리하여 상을 이용하는 법칙으로 삼았다. 나아가 그는 이전 시기의 사람들이 『주역』을 잘못 해석하는 원인이 두 가지라고 언급하였다. 첫째는 역학적 이치를 잊은 것으로 "같은 성질은 서로 적대하고 다른 성질은 서로 감응한다."는 "음양의 이치"를 인지하지 못했다는 것이다. 둘째는 상에 대한 연구를 잊은 것으로 『주역』을 해석하려면 괘변과 효변 혹은 효진설 등의 방법을 사용하여 『주역』을 우회적으로 해석했어야 한다고 보았다. 이로부터 상병화는 고대의 역상을 회복하고자 하였고, 『주역』·『춘추좌씨전』·『국어』·『초씨역림』 등을 폭넓게 검토하고 해설하였다.

상병화의 역학이 가지는 가장 큰 특징은 역상을 적극적으로 운용한 데에 있는데, 서한 시기 이후 이러한 성과를 이룬 인물은 없었다. 그렇지만 그의 역학은 여전히 전통에 국한되어 있었기에 항신재와 같은 포용력과 혁신은 부족하였다. 항신재(杭辛齋, 1869~1924)는 이름이 신수(愼修)이고 자가 일위(一葦)이며, 절강성 해녕(海寧) 지역 사람이다. 항신재의 학문은 신비로운 색채를 띠고 있는데, 그는 감옥살이 중에서 기이한 인물을 만나 역학을 전수받았다고 한다. 그는 『주역』을 연구하기 시작한 뒤로 『항신재역학칠종(杭辛齋易學七種)』을 저술하였다. 항신재의 역학이 가지는 특징은 서양의 자연과학·정치·문화·종교 등 다양하고도 새로운 지식을 도입하여 『주역』을 해석하는 것으로 매우 창의적이다. 당시에 그의 역학은 참신한 노선을 개척한 것으로 칭송받았지만 후대 학자들은 그의 관점이 지나치게 견강부회한 것으로 평가하고 있다.

(3) 고힐강과 곽말약의 역학

고힐강(顧頡剛, 1893~1980)은 북경대학을 졸업하였다. 주요 역학 논문으로는 「주역괘효사중적고사(周易卦爻辭中的故事)」·「논역계사전중관상제기적고사(論易系辭傳中觀象制器的故事)」·「논역경적비교연구급단전적관계(論易經的比較研究及彖傳的關系)」 등이 있다.

고힐강은 중화민국 시기 "고사변파(古史辨派)"의 창시자로 전통에 대한 의심·진위의 판별·객관적 연구·실제와의 부합이라는 태도와 방법을 추진하였으며, 역학의 측면에서도 몇몇 새로운 명제들을 제시하였다. 그는 괘효사의 내용과 역사적 사실을 서로 비교함으로써 괘효사가 신성한 의미를 가지지 않으며, 단지 점치는 데에 사용한 언어에 불과하다는 점을 드러내었다. 나아가 괘효사의 연대와 "누적되어 이루어진 역사관"에서부터 출발하여 문왕이 괘효사를 지은 것은 믿을 수 없으며, 『역경』과 『역전』은 역사적인 관념이 다른 서적이라고 생각하였다. 그리하여 『역전』으로 『역경』을 해석하는 전통적인 인식을 타파하였다. 이외에도 고힐강은 "관상제기(觀象制器)"·"관상계사(觀象繫辭)" 등을 고증함으로써 복희·신농·문왕·공자가 가지는 전통적인 지위와 신성한 체계를 부정하였다.

고힐강과 같은 역사학자들은 경전이란 근거 없이 이루어진 것이라고 여기지 않는다. 하지만 『주역』 속의 많은 결론들은 논란의 여지가 있으며, 시간이라는 고증을 통과해야 한다고 보았다. 고힐강과 비슷하면서도 다른 인물로는 곽말약(郭沫若, 1892~1978)이 있는데, 그는 마르크스주의의 시각에서 『주역』을 연구하였으며 「주역적시대배경여정신생산(周易的時代背景與精神生産)」·「주역지제작시대(周易之制作時代)」를 집필하였다. 곽말약은 『주역』이 완성된 시대의 역사적 배경·사회 구조·계급과 구성·종교와 예술·변증 사상 등을 복원하고자 희망하였지만 결론부터 먼저 제시하고 증거들을 나열하였기에 당시 많은 사람들의 비판을 받았다. 그렇지만 마르크스주의의 이론을 사용하여 고대의 역사를 연구하고, 선진 시기의 문헌을 체계적으로 토론했다는 점에서 뛰어난 인물이었다고 평가할 수 있다.

중화민국의 역학은 전통적인 경학을 이어받았으며, 동시에 새로운 이론의 꽃을 피웠다. 이 시기에는 전통 역학의 주소(注疏)들을 한층 더 부각시킨 성오(省吾)[19]·고형(高亨)[20]·문일다(聞一多)[21] 등과 같은 역학자들이 활동하였다. 역학철학과 역학과 과학에 대한 연구의 측면에서 두드러진 인물로는 웅십력(熊十力)[22]과 설학잠(薛學潛)[23]을 꼽을 수 있다.

---

19) 대표적인 역학 저서로는 『쌍검치역경신증(雙劍誃易經新證)』이 있다.

20) 대표적인 역학 저서로는 『주역고경금주(周易古經今注)』가 있다.

21) 대표적인 역학 저서로는 『주역의증류찬(周易義證類纂)』이 있다.

22) 대표적인 역학 저서로는 『건곤연(乾坤衍)』이 있다.

23) 대표적인 역학 저서로는 『역여물질파양자역학(易與物質波量子力學)』이 있다.

제 8 장 역학의 부흥과 다원화

1. 주역에 대한 주석과 연구

2. 역학사와 역학철학 연구

제 8 장

역학의 부흥과 다원화

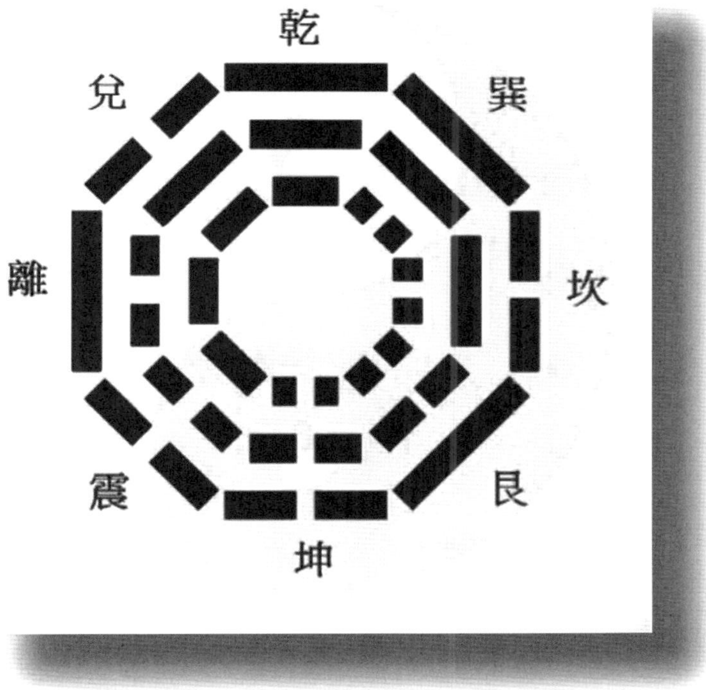

중국의 학문은 대부분 왕조의 교체에 따라 서술되는 것이 일반적이며, 문화의 존속과 멸망·단절과 연속은 큰 영향력을 미치지 않는다. 하지만 1949년 이후로는 크게 달라지게 되었는데, 중화인민공화국(中華人民共和國)이 건국됨에 따라 학문과 문화의 영역에서 정치가 가지는 영향력이 매우 넓고 심오해졌기 때문이다.

1950년대와 1960년대의 학문은 소련의 교육 제도로 전환되었고, 마르크스·레닌주의와 모택동 사상으로 통일되었다. 그 결과 『주역』에 대한 연구는 본래의 경학적 지위와 학문적 전통을 완전히 상실하게 되었으며, 봉건과 미신의 잔재로 여겨지게 되었다. 이 20년 동안 학계는 『주역』의 형성 연대·성격·철학사상·연구 방향을 둘러싸고 몇 차례 토론을 진행하였는데, 점차 마르크스주의가 연구의 기조를 통일하게 되었다. 역학 연구는 정치적 의식 형태에 의해 억제되었고, 학문적 논쟁은 정치적 주제에 의해 봉인되었다. 그 결과 유심주의·유물주의·고대 사회의 성격을 논증하기 위해 과도한 해석이 나타나게 되었고, 심지어는 잘못된 이해로 인해 고대 사상과 유산에 대한 비판과 부정이 계승과 수용을 압도하게 되었다.

1970년대 후반부터 국가는 혼란을 바로잡았고, 개혁·개방이 이루어짐에 따라 역학 연구는 문화의 부흥이라는 물결 속에서 "대도(大道)의 근원"으로 인정받게 되었다. 이러한 바탕 위에서 90년대 즈음 "역학에 대한 자부심"이 나타나게 되었으며, 민간 및 국내외의 학계에서 역학의 토론·교류·연구가 왕성해졌다. 대학교에서는 역학 연구 기관이 많아졌으며, 역학의 국제화는 무시할 수 없는 현실이 되었다. 역학 연구는 문학·역사학·철학·사회과학·자연과학을 포용하여 새로운 주제·새로운 방법·새로운 논술들이 나타나게 되었다. 이러한 현상에 대한 부정적인 측면은 연구의 영역을 지나치게 세분화하여 한 부분만을 집중적으로 연구한다는 것으로 고대의 역학 연구와는 상당히 다른 색채를 띠고 있다.

1. 『주역』에 대한 주석과 연구

(1) 고형과 『주역대전금주』

고형(高亨, 1900~1986)은 청화대학(清華大學) 국학연구원(國學研究院)을 졸업하였다. 1940년대에 『주역고경금주(周易古經今注)』를 저술하였고, 1960년과 1979년에는 각각 『주역잡론(周易雜論)』과 『주역대전금주(周易大傳今注)』를 출판하였다. 그의 연구 노선은 『역경』의 시각에서 『역경』을 해석하고, 『역전』의 시각에서 『역전』을 해석하며, 점술의 각도에서 『역경』을 해석한다는 것이다. 따라서 『역경』을 해석할 때에 더 이상 『역전』과 다른 관점들에 얽매이지 않으며, 『역전』을 해석할 때에는 철학적 내용들을 강조하여 『역전』의 핵심을 설명하였다. 고형은 『역경』을 해석할 때에 나타나는 『역전』의 특징들을 탐구하고 둘 사이의 공통점과 차이점을 밝힘으로써 『역전』의 함의를 명확히 드러내었다.

(2) 김경방과 『주역전해』

김경방(金景芳, 1902~2001)은 요녕성(遼寧省) 제사사범학교(第四師範學校)를 졸업하였으며, 해방 이후 길림대학(吉林大學)의 교수로 임용되었다. 그는 『역통(易通)』·『역론(易論)』·『주역강좌(周易講座)』

·『주역전해(周易全解)』[1] 등의 역학 저서를 저술하였다. 김경방이 보기에 역대 『주역』을 연구했던 역학자들은 두 가지 폐단을 가지고 있었다. 하나는 『주역』을 단순히 점치는 서적이라고만 생각하여 그 속에 존재하는 깊은 철학과 사상을 소홀히 한 것이고, 다른 하나는 모든 구절들을 해석하는 데에만 매달려 『주역』의 구조 속에 존재하는 완전한 사상 체계를 무시한 것이다. 김경방은 고형과 달리 『역전』의 시각에서 『역경』을 해석하는 태도에 대해 찬성하였으며, 역학적 이치를 드러냄과 동시에 마르크스·레닌주의를 존중하였다. 나아가 유물 변증법이라는 원칙을 인정함으로써 『주역』과 변증법의 정신을 모두 드러내었다.

(3) 황수기와 『주역역주』

황수기(黃壽祺, 1912~1990)은 역학자 상병화(尙秉和)와 오승사(吳承仕)를 스승으로 모시고, 오랫동안 역학 연구에 몰두하였으며 수준 높은 지식을 축적하였다. 그가 저술한 역학 저서로는 『주역요약(周易要略)』·『숭운초당역화(嵩雲草堂易話)』·『상씨역요의(尙氏易要義)』·『역대역가고(曆代易家考)』·『역학군경평의(易學群經平議)』·『주역역주(周易譯注)』[2] 등이 있으며, 여러 편의 논문을 집필하였다.

황수기는 비교적 포괄적인 역학 연구를 시도하였으며, 『주역』을 해석하는 규정을 세우고자 하였다. 그의 역학은 몇 가지 특징을 가진다. 첫째, 고대의 역학에서부터 연구를 시작한다. 둘째,

1) 여소강(呂紹綱, 1933~2008)과 함께 집필하였다.
2) 장선문(張善文, 1949~)과 함께 집필하였다.

상수 역학과 의리 역학을 주요 연구 주제로 삼았다. 셋째, 여러 경전을 종합하여 『주역』을 해석한다. 넷째, 육십사괘의 "상징"이 가지는 법칙을 파악하여 상수 역학과 의리 역학을 하나로 융합한다. 다섯째, 이전 시기의 역학자들의 주장을 정리한다. 여섯째, 고고학·역사학·문학·미학 등 여러 학문들의 내용을 종합하였으며, 외국 학자들의 『주역』 연구 성과에도 주의를 기울였다.

『주역역주』는 전반부에 서술된 연구 방법과 규정을 제외하고 원문·번역문·주석·설명·총론이라는 다섯 부분으로 구성되어 있다. 『주역』에 대한 황수기의 해석은 여러 학자들의 이론을 폭넓게 선정하되 가장 좋은 것을 채택하는 것이다. 나아가 독자들이 참고할 수 있도록 하나의 견해만을 고집하는 것이 아니라 다양한 관점들을 나열하고 보존한다. 『주역역주』의 번역문·설명·총론은 모두 소박하지만 명쾌하며, 괘효사의 전반적인 관계와 철학적 지혜를 밝히는 데에 중점을 두고 있다. 따라서 『주역역주』는 『주역』을 연구하는 학자들에게 널리 환영받고 있다.

2. 역학사와 역학철학 연구

(1) 주백곤과『역학철학사』

주백곤(朱伯崑, 1923~2007)은 청화대학 철학과를 졸업하였으며, 후에 북경대학 철학과에 교수로 임용되었다.『국제역학연구(國際易學硏究)』의 편집장을 역임하였으며『역학철학사(易學哲學史)』·『역경백화예해(易經白話例解)』를 저술하였다.

주백곤은 역학이 형식 논리·변증 논리·직관적 사유·형상적 사유 등의 측면에서 풍부한 이론을 갖추고 있다고 생각한다. 그는 경학과 철학의 측면에서 역학철학이 가지는 가치를 강조하여 역학은 자체적인 용어·범주·명제·논리적 사유와 이론 구조를 가지고 있으며, 철학적인 내용과 문제를 포함하고 있다고 주장한다. 나아가 역학은 스스로 문제를 전개하는 독특한 사유 체계를 구축하고 있기에 철학 체계의 발전사 가운데 하나로 볼 수 있다고 여긴다. 주백곤은 중국의 역사와 경학의 발전이 가지는 특징에 근거하여 역학사를 다섯 시기로 나눈다. 즉 전국(戰國) 시기·양한(兩漢)의 역학·진당(晉唐)의 역학·송대(宋代)의 역학·청대(淸代)의 역학이다.[3]『역학철학사』에서 주백곤은 역학 이론을 설명하는 데에 각별한 주의를 기울이는데, 그는 서양 철학과 접촉하기 이전에 중국 사람들의 이론과 사유들은 주로『주역』을

3) 송대의 역학은 원대(元代)와 명대(明代)를 포함한다.

공부하면서 단련되고 향상되었다고 생각한다. 따라서 그는 전통적인 주소(注疏)의 연구에만 그쳐서는 안 되며, 인류의 사고가 발전하는 역사로부터 가치 있는 부분을 정리하고 새로운 사유 방식을 탐구할 수 있는 토대를 마련해야 한다고 주장하였다. 『역학철학사』는 상세한 논술과 함께 풍부한 자료를 제공하는데, 역학사와 역학철학의 연구라는 측면에서 새로운 기원을 열었다고 평가받고 있다.

『역학철학사』의 주요 연구 대상은 중화민국 이전의 중국 역학에 집중되어 있다. 이를 보완할 수 있는 것은 20세기 중국 역학사의 발전 맥락을 체계적으로 서술한 양경중(楊慶中, 1964~)의 『이십세기중국역학사(二十世紀中國易學史)』이다. 이 서적은 비교적 최근의 역학자 · 역학 이론 · 주요 성과 등을 정리하고 토론하였는데, 현대의 역학사를 한눈에 알 수 있으면서도 특색 있는 저서이다. 나아가 1949년 이후 대만의 역학사 · 역학자 · 주요 저서 등을 소개함으로써 『역학철학사』를 보완하고, 독자들이 참고할 수 있도록 하였다. 대만의 역학을 전문적으로 소개한 서적으로는 뢰귀삼(賴貴三, 1962~)이 저술한 『대만역학사(台灣易學史)』 · 『대만역학인물지(台灣易學人物志)』를 들 수 있다. 대만의 역학을 연구하기 위해서는 반드시 이 두 서적을 읽어보아야 한다.

(2) 임충군과 『상수역학발전사』

상수 역학은 역학의 중요 구성 부분으로 역대의 학자들은 대부분 상수의 이론에 대해 설명하였다. 상수 역학 또한 『주역』을 해석하는 데에 없어서는 안 될 이론 체계와 방법이며, 여기에는 철학·고대의 천문학과 역법·수학 등 다양하고도 복잡한 내용들이 포함된다. 의리 역학은 철학의 범주 속에 무난히 넣을 수 있지만 상수 역학은 역학 가운데 독특한 분야로서 철학과 자연과학 등 특정 학문 분야에만 편입시킬 수 없다.

현대의 역학자 임충군(林忠軍, 1960~)은 산동대학(山東大學) 철학과·역학여중국고대철학연구중심에 교수로 재직하고 있으며 『상수역학발전사(象數易學發展史)』·『주역고경백화해(周易古經白話解)』[4]·『주역전문백화해(周易傳文白話解)』[5]·『주역정씨역천미(周易鄭氏易闡微)』·『역위도독(易緯導讀)』·『역학원류여현대천석(易學源流與現代闡釋)』 등 다양한 저서를 저술하였다.

『상수역학발전사』는 상수 역학의 역사적 발전과 변화 규율을 전문적으로 논의한 서적이다. 임충군은 이곳에서 역사를 간추리되 인물을 중심으로 하여 역학자들의 상수 역학이 가지는 구조를 해부하고 내용을 해석하며 함의를 밝히는데, 각종 역학 저서에 대한 저자의 수준 높은 연구와 고증을 나타내고 있다. 임충군은 상수 역학의 발전사를 파악함으로써 역학의 단계적 발전 특성·역학자의 학문적 공헌·역사적 의미에 대해 심층적이고 종합적으로 분석하였고, 역학사에서 상수 역학이 가지는 독특한 가치와 중요한 지위를 드러내었다.

---

4) [역자주] 유대균(劉大鈞, 1943~)과 함께 집필하였다.

5) [역자주] 마찬가지로 유대균(劉大鈞, 1943~)과 함께 집필하였다.

(3) 역학 연구 기관:
산동대학 역학여중국고대철학연구중심

현대 역학 연구와 관련하여 대학교에 소속된 학자들의 성과 이외에도 역학 연구기관 또한 역학의 연구·확대·교류 과정에서 점점 중요한 역할을 담당하게 되었다. 1980년대 이후 중국 대륙에서는 다양한 역학 연구 기관들이 우후죽순처럼 나타났지만 30여 년 이상이 지난 뒤에도 학문적으로 활발하고 막대한 성취를 이룬 것은 산동대학(山東大學)에 소속된 "역학여중국고대철학연구중심(易學與中國古代哲學硏究中心)"이다.

역학여중국고대철학연구중심은 역학과 중국 고대 철학에 대한 연구를 전문적으로 수행하는 학술 기관이다. 유대균(劉大鈞, 1943~)은 이 연구 기관의 설립자·주임인 동시에 저명한 역학자로 현재 산동대학의 종신교수로 재직하고 있다. 그는 중국주역학회의 회장과 학술지 『주역연구(周易硏究)』의 편집장을 맡고 있기도 하다. 유대균은 중국의 전통 경학과 역학을 연구하는 데에 힘을 쏟고 있으며, 『주역개론(周易槪論)』·『납갑서법(納甲筮法)』·『주역고경백화해(周易古經白話解)』[6]·『주역전문백화해(周易傳文白話解)』[7]·『금백죽서주역종고(今帛竹書周易綜考)』 등 다수의 연구 저서들을 출판하였다. 그는 1980년대 상수 역학의 연구에 앞장섰으며, 중국 역학의 핵심 인물로서 전통 역학의 회복과 발전에 중요한 공헌을 하였다. 또한 20여 년 이상 국제 역학·양안(兩岸) 역학·유학

6) [역자주] 앞에서 언급한 임충군(林忠軍)과 함께 집필하였다.

7) [역자주] 마찬가지로 임충군(林忠軍)과 함께 집필하였다.

학술대회를 준비하고 개최함으로써 국제 역학·양안 역학·유학의 교류와 발전을 효과적으로 추진하였다.

유대균과 임충군 이외의도 역학여중국고대철학연구중심에는 학문적 성과가 풍부한 학자들이 많다. 이를테면 왕신춘(王新春, 1965~) 교수는 『자연시야하적인생관조: 도가적사회철학(自然視野下的人生觀照: 道家的社會哲學)』·『신묘적주역지혜: 해독불진적보장(神妙的周易智慧: 解讀不盡的寶藏)』·『주역우씨학(周易虞氏學)』·『역찬언도독(易纂言導讀)』·『역학여중국철학(易學與中國哲學)』 등을 저술하였다. 유옥건(劉玉建, 1961~) 교수는 『전통문화소원: 중국고대귀복문화(傳統文化溯源: 中國古代龜卜文化)』·『양한상수역학연구(兩漢象數易學硏究)』·『주역정의도독(周易正義導讀)』·『중국당대역학문화대사전: 인물권(中國當代易學文化大辭典: 人物卷)』·『한대역학통론(漢代易學通論)』을 출판하였다. 이상신(李尙信, 1965~) 교수는 『괘서여해괘이로(卦序與解卦理路)』를 저술하였고, 유보정(劉保貞, 1966~) 부교수는 『역도명변도독(易圖明辨導讀)』·『청대학술필기역학수거편목분류색인(淸代學術筆記易學數據篇目分類索引)』을 출간하였다. 장문지(張文智, 1967~) 부교수는 『주역집해(周易集解)』[8]·『주역집해도독(周易集解導讀)』·『맹초경역학신탐(孟焦京易學新探)』·『화설역경(畫說易經)』을 출판하였다. 이외에도 장극빈(張克賓, 1981~) 부교수의 박사학위 논문인 『주희역학연구(朱熹易學硏究)』는 전국 우수 철학박사 논문으로 지명되었다.

역학여중국고대철학연구중심은 간백 역학·역학철학·역학사·중국 철학을 주요 연구 방향으로 삼고 있으며, 의리 역학·상수 역학·훈고학·현대 철학을 결합하고자 한다. 역학 연구와

---

8) 교감(校勘)과 정리 작업을 하였다.

중국 철학의 연구 및 혁신에 전념하고 있으며, 산동대학이 역학과 중국 철학을 전문적으로 연구하도록 만들었다. 이 연구 기관은 설립된 이후부터 『주역』·역학·중국 고대 철학의 현대화를 추진하였고, 북경대학의 『유장역류: 정화편(儒藏易類: 精華編)』과 『백년역학청화집성(百年易學菁華集成)』 등 많은 사업들을 수행하였다.

이 연구 기관이 편집하고 출간하는 학술지인 『주역연구(周易研究)』는 역학을 전문적으로 연구하는 데에서 출발하여 의리 역학과 상수 역학을 종합한다는 원칙을 견지하고 있으며, 다양한 학문 분야와의 종합적인 연구를 수행하고 있다. 역학만을 중점적으로 연구하는 것 이외에도 정기 간행물을 통해 역학과 철학·역학과 인문 과학·역학과 자연 과학·역학과 현대 경영학·역학과 환경 과학 등의 연구를 적극적으로 주도하고 있다. 『주역연구』는 역학을 널리 알리고, 역학 연구의 역량을 축적하였으며, 역학 연구의 방향을 파악하고, 역학의 발전에 크게 기여하였다.

역자 후기

철학 공부는 철학사를 학습하는 데에서부터 시작해야 한다. 철학사를 읽는 이유는 과거에 논의되었던 이야기들 속에서 현재를 살아가는 우리들에게 유의미한 가치들을 발굴하기 위해서이다. 마찬가지로 역학 공부는 역학사를 탐구하는 데에서부터 시작해야 한다. 그 가운데서도 철학의 시각에서 역학의 역사를 살펴보는 것은 역학 공부의 근본이라고 할 수 있다.

국내에 출판된 서적 가운데 철학의 시각에서 역학의 전반적인 역사를 서술하고 있는 것은 두 종류이다. 하나는 『주역철학사』이고, 다른 하나는 『역학철학사』이다. 이 두 책은 모두 번역서로 전자는 1994년 출판되었고, 후자는 2012년 출판되었다. 역자와 같이 철학의 시각에서 역학을 전문적으로 연구하는 사람들에게는 필독서들이다. 하지만 이들 서적은 상당히 수준 높은 지식을 다루고 있으며, 압도적인 분량을 자랑하기에 전문적인 연구자가 아니면 마주하기 힘들다는 한계를 가진다. 때문에 역자는 오래전부터 간단하면서도 핵심적인 내용만을 압축하고, 일반인들 또한 쉽게 접할 수 있는 책이 필요하다고 생각했다. 그러던 가운데 2018년 중국사회과학원에서 박사후과정을 밟고 있던 호사영 교수가 『역학간사(易學簡史)』를 출판했다는 소식을 접하게 되었다. 당시 역자는 곧바로 『역학간사』를 구매해서 읽어보았고, 이 책이 국내에도 소개가 되었으면 하는 막연한 바람을 가지고 있었다.

호사영 교수와 역자는 개인적인 친분을 가지고 있다. 2015년 늦가을 역자는 북경대학 철학과 박사과정에 입학하기 위해 준비 중이었고, 산동대학 임충군(林忠軍) 교수님의 도움으로 석사과정 지도교수였던 영남대학교의 정병석 교수님과 함께 북경대학의 왕박(王博) 교수님을 만날 기회를 얻었다. 당시 임충군 교수님은 정병석 교수님께 자신에게서 석사학위를 받은 학생이 왕박 교수님과 약속한 장소로 안내할 것이라고 했다. 그 인물이 바로 호사영 교수로 이로부터 우리들은 소중한 인연을 쌓았고, 북경대학 철학과의 선후배가 되어 종종 왕래를 하게 되었다.

하지만 무엇이 그렇게 바빴는지 시간이 지날수록 서로 간의 교류는 점차 뜸해졌고, 역자 또한 학위과정을 마치고 귀국하여 정신없는 나날들이 보내게 되었다. 그러던 중 역자는 2023년 가을 중국 곡부사범대학이 주최하는 학술대회에 초청을 받게 되었고, 호사영 교수와 다시 만나게 되었다. 학술대회장에서 만난 우리들은 그동안 서로에게 소원했음을 반성하면서 서로의 근황을 알렸으며, 이후로는 자주 연락하기로 약속했다. 같은 해 겨울 역자는 『역학간사』가 국내에 소개되었으면 했던 예전의 생각이 떠올라 연락을 취했고, 호사영 교수는 흔쾌히 허락하면서 중국 내에서 출판되지 못했던 원고까지 역자에게 전달했다.

이 책의 장점은 각 시대를 대표하는 인물의 역학적 관점을 간략하게 서술했다는 것이다. 고대에서부터 현대에 이르기까지 역학의 핵심적인 내용들은 대부분 기술되어 있기에 일반 독자들도 역학의 역사와 흐름을 무난히 파악해낼 수 있을 것이다. 역자 또한 일반 독자들의 가독성을 위해 대체할 수 없는 개념들을 제외하고는 이해하기 쉽도록 많은 노력을 들였다. 책을 읽다가 좀 더 자세히 알고 싶은 내용이나 의문이 생기는 지점은 위에서 언급한 『주역철학사』 혹은 『역학철학사』와 대조를 해보면 학술적으로 더욱 큰 효과를 볼 수 있을 것이다.

이 책이 나오기까지 많은 사람들의 도움이 있었다. 물심양면으로 도움을 주는 가족들과 역자를 학문의 길로 이끌어주고 격려해주시는 정병석 교수님께 감사를 드린다. 그리고 역자와 함께 일하는 동료 연구자들에게도 매번 큰 신세를 지고 있다. 지면을 빌려 평소에는 하지 못했던 고마움을 드러내고 싶다.

갑진년(甲辰年) 정단(正旦)
성균관대학교 퇴계인문관에서

찾아보기